Thaddäus Troll

Herrliche Aussichten

Satirische Feststellungen

Mit Zeichnungen von
Herbert Scheurich

Wilhelm Goldmann Verlag

Made in Germany · 4/79 · 1. Auflage · 1112
Genehmigte Taschenbuchausgabe

Umschlagentwurf: Creativ Shop, A. + A. Bachmann, München
Farbige Umschlagzeichnung: Atelier Schreier, München
Satz: IBV Lichtsatz KG, Berlin
Druck: Presse-Druck Augsburg
Verlagsnummer: 3734
Lektorat: Martin Vosseler/Herstellung: Peter Papenbrok
ISBN 3-442-03734-4

AU PROGRÈS

»WAS HEISST EIGENTLICH: Au progrès?« wollte Fräulein Widerhold wissen. »Zum Fortschritt«, übersetzte Frau Köln-Kalk und wischte ihre Brille mit dem Jackenzipfel des Schlafanzugs blank. Die beiden Damen gehörten zu einer Gruppe Schiffbrüchiger, die an der Côte d'Azur aus dem Rettungsboot geklettert, in ihrer Garderobe aber keinesfalls für einen Landgang an einem so anspruchsvollen Gestade gerüstet war. Denn die paar Dutzend Menschen, die sich vom Strand her der ehemaligen Seepromenade näherten, waren nur mit Pyjamas oder Nachthemden bekleidet; und zu allem Unglück war diese Nachtbekleidung nicht einmal in einem Zustand, der strengeren Forderungen der Etikette standgehalten hätte. Eine Dame, die zusätzlich ihren dekorativen Hut aus dem Atelier Lily in Zürich gerettet hatte und ihn nicht ohne das Bewußtsein modischer Überlegenheit trug, stach angenehm aus der Gruppe der für die Nacht Uniformierten hervor.
Frau Köln-Kalk war eine große, germanische Erscheinung mit einem geradezu edlen Profil, dem die strenge Brille eine gebildete Nuance gab, einem energischen Kinn, das sich einem weichen Übergang in die Halspartie widersetzte und dünnem, aschblondem Haar, das in ihrem Nacken zu einem Knoten geschürzt war. Sie trug einen hochgeschlossenen gestreiften Pyjama und hatte nichts als eine Handarbeit gerettet: einen halb vollendeten roten Pullover, Stricknadeln und ein Knäuel Wolle, die sie im Augenblick der Katastrophe, in der unbewußten Überzeugung, daß Stricken die Nerven beruhige, an sich gerissen hatte. Hatte Frau Köln-Kalk etwas hager Junonisches, erinnerte sie trotz ihres Mangels an körperlichen Rundungen an eine griechische Göttin,

die ständig Ärger mit ihrem Gatten hat, so war Fräulein Widerhold eher eine beunruhigende Erscheinung. Ihr dünnes Nachthemd, das mehr ahnen ließ, als es verhüllte, war etwas angerissen; aber dieser Mangel sah wie ein modischer Einfall koketter Berechnung aus. Sie war etwas kurzsichtig und kniff die nixengrünen Augen zusammen, um das zu erkennen, was sich da mit einem verbogenen Schild und mit einer arg angeknabberten Fassade als HOTEL ZUM FORTSCHRITT anpries. Das kurze Haar verhehlte die rötliche Natur nicht, es sah in seiner holden Verwirrung aus, als habe es der Schiffbruch eher herausgeputzt als strapaziert; der Mund Fräulein Widerholds glich einem zärtlichen Chanson, die füllige Unterlippe ließ darauf schließen, daß sie der Erbsünde einigen Reiz abgewinnen könnte; die Nase stupste neugierig in den Himmel. Das Nachthemd aus zartem Nylongewebe zeichnete einen harmonischen Wuchs nach. Die gewinnenden, schlanken Beine mündeten in zartgliedrigen Füßen, die sich bei jedem Schritt mit Badeschuhen, die eher hinderlich als bequem waren, auf graziöse Weise abfinden mußten. Außer diesen Badeschuhen hatte Fräulein Widerhold noch ihren Lippenstift gerettet, den sie wie ein winziges Zepter, das jedoch einige Herrschaftsansprüche verkündete, in der Hand hielt. »Ob es hier einen anständigen Friseur gibt?« fragte ihr kapriziöser Mund, worauf Frau Köln-Kalk fast etwas maliziös lächelte und »Ich fürchte nein« zurückgab.

Nun sah die Landschaft auch wirklich nicht nach einem Friseur aus. Denn die Katastrophe war über sie hinweggebraust und hatte alles menschliche Leben ausgelöscht. Die Hotels mit den klangvollen Namen BEAU RIVAGE und MIRAMAR waren

ausgebrannt und weggeblasen; die Spielsäle zu Schutt zerfallen; die Bogenlampen zu mutwilligen Spiralen verbogen; die Palmen zu Stümpfen verkohlt; und nur ein paar halb verschmorte Schilder versuchten noch recht überholte Hinweise zu geben, daß man hier zum Strand, dort zum RESTAURANT ALPHONSE, da zur BOUTIQUE LUCIENNE gelange.

DABEI WAR DIE KATASTROPHE ganz überraschend gekommen. Als unsere Schiffbrüchigen in Hamburg die SPERANZA bestiegen, um das Land der Griechen auf einer von der Steuer absetzbaren Studienreise nicht nur mit der Seele zu suchen, da hatten die Schlagzeilen der Zeitungen nichts Böses ahnen lassen: ABRÜSTUNGSKONFERENZ FESTGEFAHREN – TEERARBEITER ERTRÄNKT SCHWIEGERMUTTER IN FLÜSSIGEM ASPHALT – CSU-Vorsitzender sagt: NOCH NIE WAR DER SAUSTALL SO GROSZ – RUSSEN UND AMERIKANER WOLLEN GIPFELKONFERENZ – LUXEMBURG FORDERT EIGENE NEUTRONENBOMBEN. Das alles waren alltägliche Meldungen, welche nicht dazu angetan waren, die Vorfreude der Griechenlandreisenden zu trüben oder sie gar ahnen zu lassen, welchem Verhängnis sie der von der Steuer absetzbare Bildungsdrang entzöge. Den Anlaß zur Katastrophe gab auch nicht etwa ein nervlicher Kurzschluß bei den Verantwortlichen einer der beiden großen Mächtegruppen, sondern – der Chronist schämt sich fast, diese arg unheroische geschichtliche Wahrheit niederzuschreiben – der allzu große Diensteifer einer Putzfrau. Obgleich das Reinigungspersonal den strikten Befehl hatte, den ROTEN KNOPF, der den

 Generalalarm auslöste, auf keinen Fall abzustauben, überschritt eine Reinigungsassistentin, trotz vier erfolgreicher Gehirnwäschen und allwöchentlicher Tests auf konformistische Gesinnung, fahrlässig ihre Kompetenzen, indem sie mit dem Staubtuch dem ROTEN KNOPF zu Leibe ging, unglücklicherweise just in dem Moment, als ihre Kollegin einen Witz erzählte, dessen wörtliche Fixierung durch den nun folgenden Ablauf der Ereignisse unmöglich gemacht wurde. Die Reaktion auf diesen Witz, ein stupides Gelächter, verbunden mit dem Willen, den ROTEN KNOPF von einigen verunzierenden Staubpartikelchen zu befreien, ließen nämlich die Fahrlässige den Drücker so folgenschwer aus seiner Ruhestellung bewegen, daß der Generalalarm ausgelöst wurde. Dabei zeigte sich erst, wie exzellent die Verteidigungsmaschinerie lief. In wenigen Sekunden starteten Langstreckenbomber, wurden gewaltige Bomben scharf gemacht, taten sich die riesigen Mäuler unterirdischer Raketenrampen auf und schickten ihre schlanken Silberfische mit den raffiniert ausgetüftelten Sprengköpfen, die sich den menschlichen Köpfen, welche sie konstruiert hatten, überlegen zeigten, auf die weltweite Reise. Doch auch die Gegenseite war nicht müßig. Auch dort war die technische Vollendung so weit gediehen, daß ohne menschliches Zutun der Gegenschlag vollautomatisch ausgelöst wurde. Es dauerte nur wenige Stunden, dann war der dritte Weltkrieg zu Ende. Der Sieg auf beiden Seiten war total. Die

Kontinente gingen in Rauchpilzen, Sprengkratern, Druckwellen und Feuersäulen auf. Es war die eindrucksvollste Demonstration des menschlichen Fortschritts, der wissenschaftlichen Perfektion, der technischen Errungenschaften. Leider war dank der Plötzlichkeit und Totalität dieser Demonstration kaum einem Lebewesen Gelegenheit gegeben, diesen Triumph vereinter Bemühungen von Wissenschaft, Politik und Technik mit aufgeschlossenen Sinnen zu registrieren, so daß diese Sternstunde der Menschheit viel zu wenig gewürdigt vorüberging. Dabei zeigte sich auch, wie gut es gewesen war, daß beide Mächtegruppen sich im Kalten Krieg für diese warme Stunde vorbereitet hatten und wie zielbewußt verantwortungsvolle Politiker, Militärs und Wissenschaftler es auf beiden Seiten verstanden hatten, trotz defätistischer Angriffe vaterlandsloser Intellektueller und entarteter Priester das Gleichgewicht der Kräfte in geradezu vollendeter Balance zu halten. Hätte die friedliebende Seite den Gegenschlag nicht sofort erwidern können, so wäre die gegnerische Erdhälfte vor der Zerstörung bewahrt geblieben: ein Ereignis, das in seiner Gräßlichkeit auszumalen sich kein noch so frivoler Chronist getraute! So aber blieb weder die Zeit noch ein Mensch übrig, der nachträglich eine Kriegserklärung – jenen erschwerenden Atavismus, der die Klärung der Schuldfrage für spätere Generationen so schwierig macht! – hätte übermitteln können.

12 AUCH DIE SPERANZA zerbarst auf der Höhe von Südfrankreich unter der Druckwelle der Explosionen, die das Festland in Staub und Asche verwandelten. Allerdings gelang es einigen Passagieren, sich in Boote zu retten – ein Beweis, daß der Plan der völligen Vernichtung des gegnerischen Volkspotentials doch zu lasch vorbereitet war, um hundertprozentig erfüllt werden zu können, wie es die nationale Wehrpropaganda versprochen hatte. In den Rettungsbooten erlebten die paar Passagiere das erhabene Schauspiel des Untergangs ihres Kontinents. Der Überlebenden bemächtigte sich zunächst eine gründliche Verzweiflung, die jedoch bald einer fast frommen Dankbarkeit wich: was auch geschehen war, man war noch einmal davongekommen! Da jedoch die Dankbarkeit ein Pflänzchen ist, das kaum aufgeblüht, schon wieder dahinwelkt, machte sie bald einem anderen Gefühl Platz. Die Überlebenden sahen schließlich in der Tatsache ihrer Rettung einen Plan der Vorsehung und rechneten es sich angesichts der Katastrophe als ein ganz besonderes Verdienst, weniger als eine Gnade an, verschont geblieben zu sein. So wich ihre scheue Dankbarkeit, ihre verschämte Frömmigkeit bald einem fast unverschämten Selbstbewußtsein. Schon bevor sie wußten, ob ihre Rettung endgültig sei, sprachen die Überlebenden von ihrer SENDUNG – besonders ein Herr, dessen Fähigkeiten sich ausschließlich auf Tennisplätzen manifestieren konnten und der einen silbernen Siegerpokal von scheußlicher Kühnheit der Formen gerettet hatte und diese Trophäe starr umklammert hielt, tat seinen Willen kund, die abendländischen Kulturgüter zu bewahren. Er wurde in solchen Äußerungen fast eifersüchtig übertrof-

fen von einem Werbeberater aus Düsseldorf-Lohausen, einem gewissen Herrn Wollenbauer, der sich den Mitreisenden als Schöpfer des Werbeslogans MIT BIER GEHT'S BESSER vorgestellt hatte: eine sprachliche Leistung, die Herr Wollenbauer weit über die Sprüche des Konfuzius oder die Lyrik Li-Tai-Pe's gestellt hätte, wenn ihm die Existenz dieser beiden verdienstvollen Männer bewußt gewesen wäre. Herr Wollenbauer registrierte die Vorräte, die im Rettungsboot verstaut waren – Schiffszwieback, Dörrobst, Eipulver und Trinkwasser –, verwaltete sie und sorgte unter der Kontrolle der übrigen Überlebenden, die damit ein großes Maß von demokratischer Anteilnahme am Geschehen des kleinen Sozialwesens zeigten, für eine ebenso sparsame wie gerechte Verteilung während der Bootsfahrt und für eine gewissenhafte und sichere Lagerung nach der Landung. Der Werbeberater war überdies im Besitz eines Instruments, das ihm eine fast mystische Überlegenheit über die anderen Geretteten verlieh. Er litt nämlich unter Asthma und fächelte sich bei drohenden Anfällen mit einem kleinen Blasebalg, der mit einem Röhrchen verbunden war, das eine spasmenlösende Flüssigkeit enthielt, ein linderndes Gemisch in den Mund. Dieses für ihn lebensnotwendige Instrument hatte Herr Wollenbauer gerettet, während der Fahrt im Rettungsboot jedoch die erstaunliche Tatsache registriert, daß sich die gewohnten Asthmaanfälle nicht einstellten. Sie kamen auch später nicht mehr: ein Beweis, wie lückenhaft und unhaltbar die Theorie mancher Ärzte war, daß Atombomben unsere Gesundheit gefährdeten. Fräulein Widerhold hatte im Rettungsboot den geschäftigen

 Werbeberater, der sein Instrument mehr aus Gewohnheit als aus Notwendigkeit handhabte, gefragt, ob dies ein GEIGERZÄHLER sei, und Herr Wollenbauer hatte einer plötzlichen Eingebung folgend mit Ja geantwortet. Denn alle Passagiere des schmalen Boots fürchteten sich vor einer möglichen Radioaktivität der Küste und vor geheimnisvollen Strahlenschäden. Herr Wollenbauer hingegen sagte sich als Realist, daß, wo schon gar kein Kraut mehr wachse, auch keines gegen diese Gefahren mehr gewachsen sei, daß ihm aber der Ruf, einen Geigerzähler zu besitzen, im zweifellos bald aufblühenden Geschäftsleben der kleinen Gemeinschaft manchen Vorteil verschaffen könne. So machte er mit dem Blasebalg einigen Wind, beruhigte seine Mitpassagiere, das Ding ticke nicht, verteilte, ohne selbst etwas zu tun, die Aufgaben bei der Landnahme, wie er die Landung nannte, und bürdete die schwersten Lasten dem Schiffskoch auf, der ebenfalls gerettet worden war. Es war ein unbeschreiblich dicker und gutmütiger Mann, der im Gegensatz zu den übrigen Geretteten nur mit einem Unterhemd und einer unförmigen Turnhose bekleidet war, was alsbald einen gewissen sozialen Abstand zu den übrigen Überlebenden schuf. Eigentlich war er gar kein Koch, sondern war in der Kombüse nur zum Kartoffelschälen, Zwiebelschneiden und zu anderen niederen kulinarischen Diensten gebraucht worden. Aber wie fast alle Überlebenden erlag auch er der Versuchung, sich sozial weit höher einzustufen, als ihm in Wirklichkeit zukam. Denn während der kurzen Fahrt auf dem Rettungsboot angesichts der in Feuer aufgehenden Kontrollmöglichkeiten gab es kaum jemand, der sich nicht rasch ein Adelsprädikat, einen Doktortitel, den Nimbus von reichem Grundbesitz, eine Direktorenstelle oder den Besitz

unermeßlichen Schmucks zugesprochen hätte. So machte sich unser Küchentagelöhner zum MAITRE DES GOURMANDISES, obwohl er kaum in der Lage gewesen wäre – und auch keinerlei Gelegenheit dazu hatte –, Pommes frites zu bereiten. Gegen den Widerstand der übrigen Passagiere, die fürchteten, sein elefantenhafter Körper beanspruche zu viel Platz und Nahrungsmittel, war er als einer der letzten ins Rettungsboot aufgenommen worden. Ein paar ältere Damen wehrten sich gegen seine Bekleidung – »Aber nein, ein Mann in diesem Aufzug kommt nicht ins Boot!« –, andere trugen den Einwand vor, als Angestellter der Schiffahrtsgesellschaft habe der Koch keine Passage bezahlt und also auch keinen Anspruch auf einen Platz im Rettungsboot. Nur dem Besitz eines wasserdichten Feuerzeugs und seiner liederlichen Bemerkung »Wenn die Nahrungsmittel aufgebraucht sind, dürft ihr mich auch als ersten auffressen« – ein Einwurf, der ihn in den nächsten Wochen noch in große Ängste stürzen sollte – hatte er es zu verdanken, daß er überhaupt in die Gesellschaft der von der Vorsehung zur Rettung Auserwählten aufgenommen wurde.

DIE SCHIFFBRÜCHIGEN richteten sich zunächst in den vom Zahn des Atomzeitalters recht angenagten Räumen des Hotels Au Progrès ein. Zunächst scharten sie sich in schöner Gemeinschaft um die Proviantvorräte, die Herr Wollenbauer im ehemaligen Speisesaal des gastlichen Hauses hatte aufstapeln lassen, denn in altruistischer Anteilnahme wollte keiner den anderen der Versuchung ausgesetzt wissen, sich mehr von den Vorräten anzueignen, als ihm zustand. Erst als die Bestände genau registriert

 waren, wobei die praktische Frau Köln-Kalk gute Hilfe geleistet und Herr Wollenbauer durch wichtigtuerische Reden bewiesen hatte, wie unentbehrlich er für alle Formen der Organisation sei, verteilte sich die Gesellschaft auf die arg mitgenommenen Räume des Etablissements und bereitete sich aus den Rudimenten zerfetzter Matratzen ihre bescheidenen Lager. Einen kleinen Zwischenfall gab es, als mit einem zweiten Rettungsboot eine weitere Gruppe Geretteter der SPERANZA an Land kam und, da sich keine geeignetere Unterkunft anbot, ebenfalls das Hotel zum Fortschritt als Quartier heischte.
Diese Gruppe wurde geführt von einem ehrwürdigen, schwerhörigen und knochigen Justizrat a. D., der zu seinem rot paspelierten Nachthemd ein apartes Hörgerät trug. Herr Wollenbauer sagte zwar, das Haus sei COMPLET, alle Zimmer seien besetzt und die Leitung bedauere außerordentlich... aber Justizrat Dr. Mundelfinger gab zu bedenken, man habe nicht nur einige Vorräte an Knäckebrot und Ölsardinen in die Waagschale zu werfen, sondern führe sogar ein paar Kisten mühsam geretteten Champagners – extra dry – mit. Diese Aussicht und der Anblick eines Hundes von arg gemischter Herkunft, den die zweite Gruppe mit sich führte und den Herr Wollenbauer mit taxierendem Blick auf hundert bescheidene Portionen für Notzeiten taxierte, ließ die erste Gruppe ihre Enttäuschung darüber, daß auch noch andere von der Vorsehung zur Rettung auserwählt worden seien, verschmerzen. Man überließ den neuen Gästen ohne Wider-

spruch die noch luftigeren Räume des Hotels. Die Gesellschaft bestand nun aus 65 Personen, 33 Damen und 32 Herren, wovon ein Teil, obgleich den Jugendjahren entwachsen, sich noch recht jugendlich fühlte, ein anderer Teil aber schon die Jahre hinter sich gelassen hatte, in denen amouröse Verwicklungen der Weisheit noch ein Schnippchen zu schlagen vermögen.

BALD SPALTETE SICH das kleine Staatswesen in zwei Richtungen. Der kleinere Teil unter der Führung von Frau Köln-Kalk sann auf praktische Einfälle, um das primitive Dasein der Überlebenden erträglicher zu gestalten. Hatte bei dieser Gruppe der Schiffskoch, weil er im Besitz eines Feuerzeugs war, zunächst in hohem Ansehen gestanden, so sank dieses Prestige bald, nachdem Frau Köln-Kalk die Möglichkeit ersonnen hatte, mittels der Linsen eines Feldstechers die Sonnenstrahlen so intensiv zu sammeln, daß sie einen kleinen Holzstoß in Brand setzten. Der Eigentümer dieses optischen Geräts gab seinen Besitz allerdings nur sehr ungern aus der Hand, weil er fürchtete, dadurch seinen Ruf eines besonders weitsichtigen Mannes zu verlieren. Frau Köln-Kalk und ihre kleine Gruppe suchten die Reste von Pflanzenwuchs zu retten, die der Feuersturm übriggelassen hatte; sammelten sorgsam alle Samen und Keime, legten ein kleines Gärtchen an und gruben mit Erfolg einen Brunnen. Dabei kam Frau Köln-Kalks reiche Kenntnis der Kulturgeschichte früher

 Völkerstämme unseren Schiffbrüchigen zustatten. Die kluge Lehrerin wußte, wie die Assyrer Öfen bauten; wie die ersten Angelgeräte aussahen und wie man in der Hallstattzeit aus Holzstäben und Steinspitzen Pfeile machte. Unter ihrer Anregung entstanden die ersten Geräte für Jagd und Fischfang, denn im Gegensatz zum menschlichen Leben waren Fauna und Flora nicht ganz ausgestorben. Einzelne erschreckte Vögel schwirrten durch die Lüfte, und im Meer zeigten sich Fische, was in den Überlebenden weniger den Gedanken des Tierschutzes, als die Hoffnung auf die Bereicherung des Speisezettels aufkeimen ließ.

DER ANDERE, WEIT GRÖSSERE Teil wandte sich indes weniger schnöden Problemen zu und kümmerte sich um die Organisation, um die Verwaltung des kleinen Staatswesens. Diese ELITE, als welche bezeichnet zu werden von den Beteiligten unwidersprochen geblieben wäre, war nicht bereit, über den Untergang des Abendlandes in Klagen auszubrechen oder sich über den primitiven Urzustand zu beschweren, in welchem zu verharren die Geretteten gezwungen waren. Als größten Übelstand erkannten diese Menschen von Niveau, wie sie sich im Gegensatz zu der praktischen Gruppe um Frau Köln-Kalk nannten, den völligen Mangel an Papier, der eine Verwaltung der Zelle so schwierig, wenn nicht gar unmöglich machte. Herr Wollenbauer, Wortführer dieser aufbauwilligen Schar, erfaßte klar, daß man zunächst ein Oberhaupt, einen Präsidenten wählen müsse. Nicht ungern hätte er sich selbst in diesem Amte gesehen, aber eine vorsorgliche demoskopische Umfrage, die Herr Wollen-

bauer als geschickter Kenner der Volksmeinung arrangierte, ergab, daß seine Beliebtheit zu einem Wahlsieg nicht ausreichte. Der clevere Kenner der Publicity redete zu viel im superlativistischen Formgefühl der Werbung, die er sich zum Metier erkoren, und dieser pathetische Stil wurde vom gemeinen Volk, selbst wenn es aus Griechenlandreisenden bestand, zu wenig gewürdigt. Bei seiner Umfrage mußte der Werbeberater zu seiner Verblüffung feststellen, daß ein stupider Beau, der den Namen eines Freiherrn von Finkelstein führte und behauptete, zwar von Familie, aber ohne Beruf zu sein, weil schon seine erlauchten Ahnen durch lästige Stiche in der Lendengegend von der Arbeit abgehalten worden wären, die meisten Sympathien auf sich vereinigen konnte. Besonders alle Damen, außer der skeptischen Frau Köln-Kalk, wandten diesem Herrn ihre Neigung zu, und es war leicht zu vermuten, daß er bei einer Präsidentenwahl auch ihre Stimmen bekommen hätte. In Wirklichkeit hätte der Adel dieses jungen Herrn kaum einer genealogischen Nachprüfung standgehalten, weil er nicht älter als die Weltkatastrophe war. Tatsächlich war nämlich der falsche Baron ein ehemaliger Friseur aus Unna, der über einen gewissen Charme der Bewegungen und über ein unverbindliches Plauschvermögen verfügte, wie es in Frisierkojen zwischen dem Hairdresser und seinen Opfern gedeiht; Eigenschaften, welche die Damen für ihn einzunehmen vermochten. Wenn schon nicht sich selbst, so hätte der Werbe-

berater gern den alten Justizrat als Staatsoberhaupt gesehen, auf den Einfluß zu gewinnen Herrn Wollenbauer nicht allzu schwierig erschien. Dem fast tauben Herrn standen eine gebrechliche Erscheinung, ein bescheidener Wortschatz, wenig Phantasie und ein radikaler Mangel an originellen Einfällen zu Gebote: lauter Tugenden, die ihn als einen volkstümlichen Politiker geeignet erscheinen ließen und ihm die Sympathien der Wähler einzutragen versprachen. Überdies besaß er einen ängstlich gehüteten Baedeker vom Mittelmeer, in dem er oft nachschlug und die Erkenntnis zum besten gab, in der Nähe müßten sich die römischen Ruinen von Fréjus befinden. Der Besitz des roten Buches gab ihm jenes Dekor von Bildung, zu welcher zwischen Maas und Memel Geborene so gern emporblicken. Nun galt es für Herrn Wollenbauer nur noch, den aussichtsreicheren falschen Baron durch Rufmord aus dem Rennen zu werfen. Dies gelang leicht, indem der geschickte Werbeberater das Gerücht verbreitete, der charmante junge Mann sei mit Gleichgeschlechtlichen in vertraulichem Umgang beobachtet worden – ein Verdacht, der die Sympathien der Damen spornstreichs in Verachtung umschlagen ließ. Dieses Gerücht entbehrte indes nicht nur jeglicher Grundlage, sondern pervertierte auch noch die Ambitionen des leichtfertigen Flaneurs ins Gegenteil. Ihm mußte nämlich das hohe Verdienst zugesprochen werden, als erster das Fundament zum Liebesleben der Geretteten gelegt zu haben, in-

dem er sich mit Fräulein Widerhold, die damit mehr den zweiten als den ersten Teil ihres Namens wahr machte, in die Besenkammer des Hotels zum Fortschritt zurückzog. Dort kam es zu einem äußerst freundschaftlichen Handgemenge, das der munteren Eva einen Taschenkalender eintrug, den ihr der Baron als Souvenir an die süße schwache Stunde dedizierte. Dieser Kalender war als Quellenmaterial von großer historischer Bedeutung, enthielt er doch die Länge der wichtigsten Flüsse, die Einwohnerzahl der größten Städte, die bedeutsamsten Verkehrsregeln und einen internationalen Hotel-Code-Schlüssel; gab also über die Beschaffenheit der von der Katastrophe jäh aus der Realität, nicht aber aus dem Geschichtsbewußtsein der Überlebenden ausgelöschten oder zumindest stark veränderten Natur- und Zivilisationserscheinungen genaueste Auskunft.

BEI DER WAHL, nach streng demokratischen Regeln abgehalten, wurde Justizrat Dr. Mundelfinger mit großer Mehrheit zum Präsidenten gekürt. Das neue Staatsoberhaupt hielt eine Ansprache, die so voller Gemeinplätze war, daß seine Wähler mit ihrem Chef wohl zufrieden sein konnten. Nun galt es, der jungen Republik Gesetze zu geben, wobei sich der Mangel an Papier besonders hemmend bemerkbar machte. Man durfte den Kodex doch nicht in den Sand oder die Asche schreiben, wie man es von einem besonders unnützen Angehörigen des Staates lernen konnte, der in den Sand einen Rahmen zog und dann die lockere Fläche mit flinken Strichen bedeckte, die er teils mit den Fingern,

KALENDER

 teils mit einem Stock in den weichen Untergrund eingrub. Dieser Maler, ein gewisser Herr Schmitt aus München-Freimann, entblödete sich nicht einmal, seine planierten Flächen mit Karikaturen der Mitbürger zu bedecken, ja er ging so weit, das ehrwürdige Oberhaupt zu einer Fratze verzerrt in den Strand zu zeichnen. Die patente Frau Köln-Kalk, die zu diesem jungen Mann eine unerklärliche mütterliche Zuneigung gefaßt hatte und nicht einsehen wollte, wie staatsgefährdend diese Existenz sei, kam indes auf einen anderen Gedanken, wie man die Gesetze fixieren könne. Gab es doch in dem Gemeinwesen einen ehemaligen Schauspieler, der sich an Bühnen minderer Geltung mehr schlecht als recht in Statistenrollen durchgehungert hatte und dem an Stelle einer erkrankten Tante die rettende Griechenlandfahrt zugefallen war. Er hatte sich nach der Katastrophe den klangvollen Namen ERNST VON POSSART zugelegt und behauptete, an allen großen Bühnen Mitteleuropas nicht nur den PRINZEN VON HOMBURG und den FAUST, sondern auch den KÖNIG LEAR und den HAMLET gespielt zu haben, wobei ihm oft das begeisterte Publikum die Räder seines Rolls Royce abmontiert und ihn in dem Gefährt wie in einer Sänfte triumphal nach Hause getragen habe. Wenn dieser Mann, so meinte Frau Köln-Kalk, der mit enormem Pathos allerlei Klassisches zu deklamieren wußte, die geistige Potenz besäße, Riesenrollen im Kopf zu behalten, fiele es ihm sicher auch nicht schwer, die Gesetze des kleinen Staates auswendig zu lernen, und, so fügte sie im kleinen Kreis lächelnd hinzu, sie halte ihn im übrigen für so töricht, daß er unfähig sei, den Gesetzestext sinnvoll zu seinen

oder zugunsten irgendwelcher Interessengruppen zu verändern. Herr von Possart wurde also zum GESETZESWISSER gekürt, führte aber dieses Amt recht lasch. Er pflegte zum Entsetzen seiner Mitbürger viel zu baden und weit ins Meer hinauszuschwimmen. So kam es, daß die Gesetze in schwierigen Situationen oft nicht greifbar waren, und daß die Verantwortlichen um den Bestand ihres lebenden Gesetzbuches, wenn es gar zu weit hinausschwamm, mehr als einmal zittern mußten.

DEN ERSTEN GESETZESVORSCHLAG brachte der Maler Adam Schmitt ein: Das neue Staatswesen müsse jetzt und für alle Zeiten jede Anwendung von Gewalt ächten und sich verpflichten, alle entstehenden Streitfragen mit friedlichen Mitteln zu lösen. Angesichts der Folgen der Katastrophe, in welche die wenn auch unbeabsichtigte Anwendung von Gewalt die Welt gestürzt hatte, war es ein leichtes, daß dieser Paragraph eins des neuen Rechts einstimmig und begeistert von der Volksversammlung angenommen wurde. Weniger einmütig war man in der Ablehnung eines Paragraphen, den eine Dame vorgeschlagen hatte und der das Verbot aller Liebesbezeigungen in der jungen Republik forderte. Die Initiatorin dieses Antrags war mit einem Mann verheiratet, dessen Zärtlichkeiten sie ihr Lebtag nur mit Mißmut hingenommen hatte. Nicht reizvoll genug, um freudvollere Liebkosungen außerhalb ihrer Ehe zu finden, brachte sie diesen Gesetzesvorschlag selbstlos ein, um ihren Geschlechtsgenossinnen, wie sie wähnte, ähnliche Unlust zu ersparen. Es fanden sich

 aber nur drei betagte Damen, die dem Vorschlag zustimmten, und als er ziemlich einmütig abgelehnt worden war, sich mit der enttäuschten Ehefrau zu einem Sittlichkeitsverein zusammenschlossen, welcher sich später um die manchmal arg darniederliegende Moral der Republik hohe Verdienste erwarb. Die in allen Fragen recht emanzipierte Frau Köln-Kalk empfahl allerdings der Vollversammlung in Liebesfällen eine gewisse Vorsicht, da die Vorräte des jungen Staates so knapp bemessen seien, daß man vorerst bei aller sozialen Gesinnung an Wöchnerinnen- oder gar Säuglingszulagen noch nicht denken könne. Ein weiteres Gesetz, das die Ausgabe von Nahrungsmitteln von einer Arbeitspflicht für die Gemeinschaft unter Anleitung des Präsidenten Dr. Mundelfinger abhängig machte, wurde mit knapper Mehrheit angenommen.

ABER DIE SCHWIERIGKEITEN, dieses Gesetz in die Tat umzusetzen, waren enorm. Die materialistisch gesinnte Gruppe um Frau Köln-Kalk leistete zwar ebenso erhebliche wie zweckmäßige Arbeit, setzte jedoch den nicht immer sinnvollen Anordnungen des Präsidenten, der in der Arbeitsdienstpflicht eher eine Beschäftigungstherapie sah, damit seine Staatsbürger nicht auf dumme Gedanken kämen, passiven Widerstand entgegen. Was diese Gruppe jedoch aus privater Initiative ohne den Sporn des Staates leistete, verdient einige Anerkennung, wenn es auch den

Maßstäben hoher Ideale, welche die ELITE anzulegen pflegte, nicht gewachsen war. Da verbesserte man die ramponierte Nachtbekleidung und ergänzte sie durch modische Aperçus: anmutige Hüte, kokett wippende Röckchen und kühne Badecapes; alles aus Stroh oder Bast geflochten. Aber man verschwendete seine Einfälle nicht nur auf die Frivolitäten der Damenbekleidung, sondern verfertigte unter der Anleitung der geschickten Lehrerin lebensnotwendige Steinzeitinstrumente wie Hammer, Meißel, Messer, Kamm, Nägel, Säge und Rasiermesser. Man pflegte den großzügig angelegten Garten, worin die Pflanzen munter sproßten, und beschränkte die Pflege nicht auf nutzbringendes Gewächs wie Kartoffeln, Mais, Hirse und Weizen, sondern opferte auch der nur schmückenden Flora einige Mühen. Frau Köln-Kalk zeichnete Entwürfe luftiger Häuschen aus Stroh, Zweigen und Holzresten, die nicht nur zweckmäßig, sondern auch formschön waren, und mancher Angehörige der praktischen Gruppe baute sich sein kleines Wochenendhäuschen, was die ELITE veranlaßte, nach einem Wohnraumbewirtschaftungsgesetz zu verlangen, damit die rein geistig Interessierten, denen die nagende Sorge ums Wohl des Volksganzen keine Zeit zum Wiederaufbau ließ, auch in den Genuß der Errungenschaften der niedrigen Handwerkerkaste kämen. Man richtete die täglichen knappen Zuteilungen an Dörrobst, Schiffszwieback, Knäckebrot, Sardellenpaste und Ölsardinen zu appetitlichen Arrangements, wobei sich der Maler, der sich zur praktischen

Gruppe geschlagen hatte, als ein Meister leckerer Zubereitung entpuppte, man nahm – im Gegensatz zur ELITE – die Mahlzeiten gemeinsam und ohne Futterneid ein, und man ging schließlich auf die Jagd auf Elstern und Krähen, fing Fische, welche die karge Kost wesentlich bereicherten. Die ELITE indessen gab nicht solch animalischen Trieben nach, sondern suchte den Lebensstandard durch eine geschickte Organisation zu heben. Da wurde ein Amt für Gesundheit und eines für Sozialfürsorge gegründet. Da befaßte man sich mit dem Plan einer Ortskrankenkasse. Wer zu faul zum Fischen und zum Jagen war, trat dem Tierschutzverein bei, dessen Ziele allerdings nicht so weit gingen, den Hund Coco, der sich bester Gesundheit erfreute und sich eng an den Maler Schmitt angeschlossen hatte, durch Gesetzeskraft der Gefahr eventueller Küchenverwertung endgültig zu entreißen. Der dicke Koch indessen, der oft gehänselt wurde, man werde ihn noch beim Wort nehmen und in eventuellen Notzeiten auf sein selbstloses Angebot der Opferung im Suppenkessel zurückkommen, gründete aus Angst die VEGETARISCHE UNION und versuchte zu seinem Schutz recht viele seiner Mitbürger für den vegetarischen Gedanken zu gewinnen, obgleich ihn beim Anblick des Hundes Coco die rein pflanzlichen Vorsätze verließen und ihm das Wasser im Mund zusammenlief. Ein ehemaliger Steuerberater wollte allen Ernstes ein Amt für Lastenausgleich gründen. Der kommunistische Habitus des neuen Staatswesens, so sagte er in der Volksversammlung, widere ihn an und trage überdies den Keim des verdienten Untergangs in sich. Deshalb wollte er die schmalen Güter des Gemeinwesens nicht gleich, sondern gemäß dem früheren Besitz der Bürger verteilt wissen. Er machte sich zu diesem Zweck anheischig, die An-

meldung des in der Weltkatastrophe untergegangenen Besitzes der Staatsbürger entgegenzunehmen, damit ein Schlüssel ermittelt werden könnte, nach dem nicht nur der Proviant, sondern auch die Zimmer des Hotels zum Fortschritt und die von der praktischen Gruppe geschaffenen NEUGÜTER, wie sie in der Verwaltungssprache hießen, gemäß den Grundsätzen des sozialkonservativen Besitzbürgertums verteilt werden könnten. Aber auch hier war es wieder der Mangel an Papier, der den naheliegenden Plan vereitelte, denn fast alle Bürger meldeten einen so maßlosen Verlust ehemaligen Eigentums an, daß man den Eindruck gewinnen mußte, die Geretteten hätten im finanziellen Rang eines Nabob, Krösus, Vanderbilt, Rothschild und Onassis gestanden. Die politischen Gegenspieler dieses streng konservativen Mannes strebten dagegen eine völlige Enteignung aller Bürger zugunsten des Staates an – ein radikaler älterer Herr, dessen Speichelfluß durch den Anblick jüngerer Damen stark gefördert wurde, ging sogar so weit, zu verlangen, daß allen Damen unter 40 der Besitz des nur die ärgsten Blößen deckenden Nachthemdes zugunsten der Allgemeinheit abgesprochen werden müsse. Die politische Bewegung, die sich für eine radikale Enteignung einsetzte, hatte es besonders auf einen Plattenspieler abgesehen, den eine Dame gerettet hatte. Dieses Musikgerät befriedigte mit einer einzigen Platte, dem Lied ES STEHT EIN SOLDAT AM WOLGASTRAND, die gesamten Kulturbedürfnisse der jungen Gemeinschaft. Das Lied kam indes nur zum Vortrag, wenn die Besitzerin Lust auf Kultur hatte – ein Übel-

 stand, dem die politisch links Orientierten durch das totale Enteignungsgesetz abzuhelfen trachteten. So brachte das Arbeitsdienstpflichtgesetz nicht den erhofften Aufschwung des Lebensstandards, weil die ELITE durch kommunalpolitische Überlegungen von der Arbeit abgehalten wurde und die Gruppe um Frau Köln-Kalk ihrer privaten Initiative mehr Interesse entgegenbrachte als den von Dr. Mundelfinger vertretenen, staatlich gelenkten Forderungen der Allgemeinheit. Nicht unerwähnt sei hier die Tätigkeit Fräulein Widerholds, die als staatlich geprüfte Masseuse und Heilgymnastikerin Unterricht in Leibesübungen gab. Sie beschränkte sich allerdings auf Einzelstunden für Männer, weil sie einerseits einem Gruppenunterricht nicht gewachsen sei, andererseits sich in weiblicher Anatomie zu wenig auskenne, um ihre Stunden auf Damen ausdehnen zu können. Fräulein Widerhold hatte regen Zulauf. Oft und besonders gern bei Nacht verschwand sie mit ihren gelehrigen Schülern, denen die Leibesübungen mit der geschmeidigen Lehrerin so viel Vergnügen machten, daß sie ihr nicht nur von ihren spärlichen Zuteilungen an Lebensmitteln etwas zukommen ließen, sondern zum Teil sogar den kargen Besitz ihrer Ehefrauen als Salär darbrachten. Es gab fast eine Staatskrise, als ein Mann wagte, den aus dem Salon Lily in Zürich geretteten, inzwischen arg mitgenommenen Hut seiner Gattin dem wackeren Fräulein als Lohn für eine schwache Stunde Gymnastik auszuhändigen. Die neue Besitzerin mußte den Hut alsbald auf Grund eines Spruchs der Obrigkeit wieder herausrücken.

OBGLEICH DIE GÜTER, besonders die Lebensmittel, in der jungen Republik gleichmäßig verteilt wurden, war es unvermeidlich, daß der sich rasch entwickelnde Handel auch manchen Wandel mit sich brachte und sich in einigen Händen bald mehr Besitz befand, als es naturgemäß und wünschenswert gewesen wäre. Zwar schrieb ein Gesetz vor, daß Nahrungsmittel, die von den Staatsbürgern zusätzlich gefunden, gejagt oder gefischt würden, ohne Entschädigung des Finders, Jägers oder Fischers der Allgemeinheit zukämen; dennoch war es nicht zu vermeiden, daß Angehörige der materialistischen Gruppe um Frau Köln-Kalk einen besonders leckeren Fisch, eine Schnepfe oder ein Rebhuhn nicht dem AMT FÜR JAGD UND FISCHFANG übereigneten, sondern es heimlich und gesetzwidrig in kleinem Kreis schwarzschlachteten, zubereiteten und verzehrten. Das geschah weniger aus egoistischen oder gar anarchistischen Motiven als auf Grund schlechter Erfahrungen. Denn die Jäger und Fischer hatten feststellen müssen, daß ihre abgelieferten Fänge und Beuten durchaus nicht immer den staatlichen Suppentopf erreichten, sondern auf dem Wege dorthin entweder unter Ausschluß der Öffentlichkeit vom engeren Gremium der Regierenden verspeist oder vom Amt für Jagd und Fischfang, das unter der Leitung eines ehemaligen Ministerialdirigenten stand, so lange verwaltet wurden (weil man sich über Zubereitung und Verteilung nicht einig werden konnte), bis sie für den menschlichen Genuß nicht mehr geeignet und manchmal sogar von dem keinesfalls wählerischen Hund Coco verschmäht wurden, dem solche verwirtschafteten Güter schließlich zufielen. Auch die aus Stroh geflochtenen Neugüter, die kleinen modischen Attribute, welche die Gruppe um Frau Köln-Kalk herzustellen nicht müßig

 war, beunruhigten den Markt und ließen ihren Schöpfern mehr Lebensmittel auf dem Tauschwege zufließen, als ihnen zustand. Einem ehemaligen Chemiker war es überdies gelungen, aus Dörrobst ein alkoholhaltiges Getränk herzustellen, das reißenden Absatz fand, und als Stimulans für die Leibesübungen bei Fräulein Widerhold viel verlangt wurde. Ein gewesener Bankdirektor hatte ein ganzes Bündel von Zehnpfundnoten gerettet, auf denen sich die Bank von England schriftlich verpflichtet hatte, die Noten jederzeit dem Überbringer auf Verlangen umzuwechseln, aber dennoch fand diese sichere Währung zum Ärger ihres Besitzers wenig Vertrauen. Ein ehemaliger Schrotthändler aus Westfalen hatte sein Scheckheft der Spar- und Darlehenskasse Gütersloh gerettet, aber auch die von ihm ausgestellten Schecks wollte niemand, nicht einmal Fräulein Widerhold, in Zahlung nehmen. Dagegen blühte der Tauschhandel, als gehörten die Geretteten nicht einem sorgfältig organisierten Staat, sondern einem unterentwickelten Völkerstamm an.

DER AKTIONSRADIUS der Republikaner war äußerst begrenzt. Herr Wollenbauer, der in seinen Mitbürgern einen ABSATZMARKT und in dem unerforschten Ruinengelände ein ROHSTOFFVORKOMMEN sah, hatte nämlich das Gerücht verbreitet, bei allen Versuchen, sich vom Hotel Au Progrès mehr als einen Kilometer landeinwärts zu entfernen, habe sein Geiger-

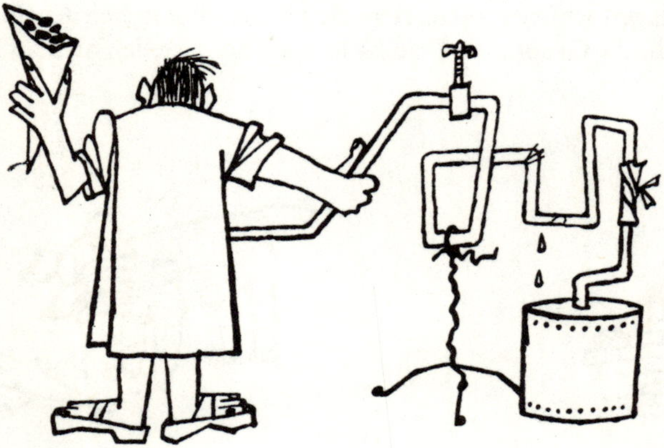

zähler durch heftiges Ticken vor Radioaktivität gewarnt. Deshalb war, um Leben, Gesundheit und Erbmasse der Staatsbürger zu schützen, ein Gesetz erlassen worden, das es allen Angehörigen der Republik bei Entzug der Lebensmittelzuteilung verbot, die ausgesteckten Grenzen des Staatswesens zu überschreiten. Nur der kühne Werbeberater, den man im Besitz eines echten Geigerzählers wähnte, hatte die Erlaubnis, sich aufzuopfern und das jenseits der Staatsgrenze liegende Ruinengelände zu erkunden. Er brachte von seinen Expeditionen auch allerlei Nützliches mit, was er der Allgemeinheit zur Verfügung stellte: die Klingen verschmorter Messer, den Teil eines Rasierapparats, einen Bürolocher, einen Spaten für die Arbeitspflichtigen und einen Büchsenöffner. Außerordentlichen Dank erntete er, als er eines Tages unter dem Schutt das Telefonbuch von Toulon und Umgebung fand, in dem allerdings die Ecken leicht angekohlt waren und die Seiten von Gou bis Lef fehlten: ein literarhistorisch äußerst wertvoller Fund, welcher den Grundstock der Staatsbibliothek bildete und in dem man die geistig Interessierten oft lesen sah. Als eines Tages Herr Wollenbauer von seinen Ausflügen gar eine Alabasterbüste des Generals de Gaulle mitbrachte, dem allerdings das ausdrucksvollste Attribut der imposanten Erscheinung, nämlich die Nase abhanden gekommen war, da war des Jubels über diesen unerwarteten Kunstbesitz kein Ende. Warnende Stimmen machten indessen vor der Gefahr einer unbewußten Überschätzung dieses toten Fremdlings aufmerksam

 und bedauerten, daß man nicht einen dem gleichen Volksstamm wie die von der Vorsehung Geretteten entsprossenen Heros in Gips oder Erz wie zum Beispiel Hindenburg oder den Turnvater Jahn gefunden hätte. Denn die Weltkatastrophe hatte zwar vieles, ja fast alles zerstört, aber doch bei aller Gewalt nicht Hand an ein gesundes und durch die Tatsache des Überlebens bestätigtes Nationalbewußtsein legen können. So war es auch möglich, daß der Ministerialdirigent, der das Amt für Jagd und Fischfang verwaltete und ein persönlicher Gegner des Bankdirektors war, der sich seines Besitzes eines Bündels von Zehnpfundnoten nur mäßig freuen konnte, einen gutbesuchten Vortrag hielt, in welchem er den Niedergang Albions und die düsteren Zukunftsaussichten des englischen Volkstums einleuchtend bewies.

DAGEGEN HATTE Herr Wollenbauer auf seinen Expeditionen ins unbekannte Ruinengelände eine Entdeckung gemacht, die ihn frohen Herzens in die Zukunft blicken ließ. Hatte er schon vorher außer den Wertgegenständen, die er selbstlos der Allgemeinheit überließ, Funde gemacht, die er auf dem Schwarzen Markt nutzbringend einzutauschen vermochte – eine Axt, Kochtöpfe, Radkappen von Autos, die als Teller zu verwenden waren –, so tat sich ihm jetzt eine wahre Schatzkammer auf: der Vorratskeller einer Lebensmittelgroßhandlung, über und über mit Konserven gefüllt. Zwar hatte der Keller nach der Katastrophe anscheinend unter Wasser gestanden, denn kein Etikett

zeigte den Inhalt der Büchsen an. Aber was Herr Wollenbauer zunächst öffnete, um es seinem knurrenden Magen zu gönnen, machte auch seinen Sinn hochgemut: feine Erbsen, Krabben in Gelee, Orangenmarmelade und gemischte Nußkerne. Ein paar Dosen schleppte der Werbeberater mit, um sie der Allgemeinheit zu opfern und sich als Held feiern zu lassen, der sich dem Gemeinwohl zuliebe nicht scheue, sich tödlichen Strahlungen auszusetzen. Weit größere Bestände schaffte er jedoch unter demselben schützenden Mantel der Nacht, unter dem auch Fräulein Widerhold ihrem Broterwerb nachging, in ein nahes Versteck, um sie dem Schwarzen Markt zuzuführen und mit dieser wahrhaft harten Währung das Wirtschaftsleben der Republik ganz in seine Hände zu bekommen. Er ließ sich Schuhe aus Bast arbeiten, einen schicken Strohhut flechten; kaufte einem weniger Wohlhabenden gegen drei Dosen Thunfisch die Jacke seines Schlafanzugs ab; brachte das Fernglas an sich; erstand den Silberpokal, den der Tennischampion, der jetzt als Polizeipräsident der Republik tätig war, als letzten Besitz ängstlich gehütet hatte; gab Blech für Gold, indem er die Schmuckstücke der Damen gegen Muscheln in Aspik, Schweinskopfsülze und Tomatenpüree erwarb; nahm wiederholt Gymnastikstunden bei Fräulein Widerhold und wurde ihr treuester, wenn auch nicht ihr liebster Kunde. Ja, er versuchte sogar, durch den Ankauf sämtlicher von der Gruppe Köln-Kalk angefertigter Angelhaken, die er nur gegen hohe Beteiligung an den Fängen auszuleihen gedachte, auch das Fischmonopol an sich zu bringen, was jedoch daran schei-

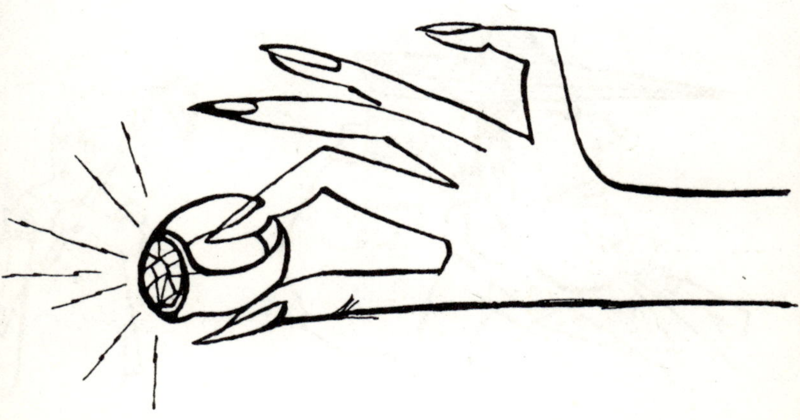

terte, daß die Fertiger nicht davon abließen, neue Haken aus Draht zu fabrizieren und sich sogar ein Netz aus der Wolle zu knüpfen, die Frau Köln-Kalk bereitwillig zur Verfügung gestellt hatte, indem sie ihren halb fertig gestrickten Pullover wieder aufräufelte. Eines Tages brachte Herr Wollenbauer von seinen Streifzügen sogar ein Plakat mit, auf welchem ein Gummimännchen von außerordentlicher Kühnheit der Formen und Farben die Qualitäten der Jeannot-Reifen anpries. Der Maler Schmitt spaltete dieses Plakat. Herr Wollenbauer schenkte das Porträt des Gummimanns dem greisen Staatsoberhaupt als Zierde des Regierungszimmers und als Grundstock für eine Staatsgalerie. Auf der gewonnenen Pappe aber ließ sich Herr Wollenbauer von Herrn Schmitt porträtieren und versprach dem Künstler drei Dosen Ochsenschwanzsuppe für ein gutes, fünf Dosen jedoch für ein naturalistisches Porträt – ein Preis, den der Werbeberater nach Fertigstellung des Kunstwerks wieder auf vier Dosen reduzierte, weil das naturalistische Porträt, das der Maler um schnöder Suppe willen gegen seine künstlerische Überzeugung gemalt hatte, alles andere als schmeichelhaft war. Die Stunden, während derer der clevere Geschäftsmann dem Maler saß, der ihn mit reichlich vorhandenen verkohlten Hölzern zu Papier brachte, waren für Herrn Wollenbauer doppelt interessant. Denn er fragte den Künstler, weshalb er im Gegensatz zu den übrigen Staatsbürgern, die sich in der Rolle der Überlebenden durchaus nicht immer glücklich fühlten, stets so frohen Sinns sei, worauf ihm Herr Schmitt seine Geschichte erzählte, die überdies im Gegensatz zu dem, was die anderen Republikaner von ihrem frühe-

ren Leben preisgaben, nicht geschönt war. »Als Juniorchef einer großen Eisengießerei«, so gab Adam Schmitt sein früheres Leben preis, »war ich Tag und Nacht eingespannt, wurde ich vom Terminkalender gelebt, hatte ich keine Zeit für ein Privatleben, geschweige denn für meine Steckenpferde, wie ich meine Hobbies zu nennen pflegte. Seit die Katastrophe nicht nur den Kontinent, sondern auch mit an Sicherheit grenzender Wahrscheinlichkeit meine Fabrik eingeäschert hat, komme ich endlich zum Malen – eine Tätigkeit, die Ihnen unnütz erscheinen mag, die mich aber ganz befriedigt und ausfüllt. Ich vermag deshalb der vor der Katastrophe oft geäußerten Theorie, daß die nuklearen Bomben nur Unglück über die Welt bringen, nicht beizupflichten. Mich haben sie – wenn ich mir eine so egoistische Dankbarkeit erlauben darf – glücklich gemacht.«

DEN MITBÜRGERN blieb natürlich nicht verborgen, daß der plötzliche Reichtum Herrn Wollenbauers aus undurchsichtigen Quellen gespeist werde. Aber alle Eingaben beim Präsidenten blieben ohne Antwort, weil durch ein technisches Versagen ein staatspolitisches Novum eingetreten war. Der alte, fast taube Herr hatte nämlich zur Kommunikation mit seinen Untertanen des Hörgeräts bedurft. Nun hatte sich aber im Lauf der Wochen die Batterie erschöpft, die das Gerät speiste, so daß das Instrument seinen Zweck nicht mehr erfüllen konnte. Deshalb regierte das Staatsoberhaupt zwar demokratisch, aber völlig isoliert, taub für jeden Rat und Zuspruch und mit greisenhaftem Starrsinn.

Nur gut, daß ihm Herr Wollenbauer zur Seite stand, der mit den Finanzen des Staates, die er beliebig zu speisen und abzudrosseln vermochte, auch die Macht in Händen hielt. Den Unmut einzelner Mitbürger suchte er dadurch zu dämpfen, daß er immer wieder ein paar Dosen für die Allgemeinheit opferte, größere Partien des fast unübersehbaren Vorrates allerdings dazu benützte, um die Wachsamkeit und den Argwohn der Aufsichtsorgane mit Apfelmus, Schmelzkäse, Corned beef und Importhonig zu dämpfen.

KEIN NOCH SO BÖSWILLIGER Chronist könnte also unterschlagen, daß es mit der kleinen Republik aufwärtsging, und daß sie sich zu einem normalen Staatswesen entwickelte. Es gab manche Streitigkeit unter den Bürgern, und es wurde ein Gerichtshof berufen, der fast jeglichen Hader zu schlichten wußte. Erwähnt sei hier nur eine Übertretung des Paragraphen eins des Grundgesetzes, in dem sich alle Bürger zur friedlichen Regelung jeglicher Meinungsverschiedenheit und zum Verzicht auf Gewalt verpflichtet hatten. Jene dem Leser schon vorgestellte Ehefrau, welche die Zärtlichkeiten ihres Mannes nur mit einem an Erbitterung grenzenden Mißmut ertrug, fühlte sich nämlich mit Recht von einer ehemaligen Telefonistin beleidigt, die in der Altersfürsorge tätig war und der in diesem Amt vor allem die Betreuung der Angehörigen des Sittlichkeitsvereins oblag. Diese ehrenvolle Aufgabe hinderte indes die Pflichtvergessene nicht, sich dem Ehemann der erotisch so allergischen Dame mehr als es Scham und Sitte erlaubten zu nähern und alle die Beweise der

Zuneigung, welche die Ehefrau mit Widerwillen quittierte, mit
freudigem Entzücken hinzunehmen, dem sie nicht genug Ausdruck verleihen konnte und das in ein friedliches Wohlbehagen mündete, in welchem angelangt sie wie eine Katze schnurrte. Solche akustisch geäußerten Symptome des Einverständnisses, an denen es auch der Ehemann nicht mangeln ließ, waren der Gattin zu Ohren gekommen, die darob mit Recht Paragraph eins des Staatskodex Paragraph eins sein ließ und zu ihrem Schirm griff, den sie, wenn auch arg lädiert, aus der Katastrophe gerettet hatte und dessen Lücken nur mühsam mit Bast zugeflochten waren. Aber sie benützte dieses Instrument nicht etwa als Schutz gegen den Regen, wozu der Schirm nicht mehr getaugt hätte, sondern als Waffe, um damit der ruchlosen Einheimserin der vom Baum der Erkenntnis gefallenen Ehefrüchte, der Mundräuberin des erotischen Fallobstes zu Leibe zu rücken. Es gab ein wütendes Handgemenge, das vom Polizeipräsidenten eigenhändig geschlichtet wurde. Die Missetäterin bekam vom Gericht die Auflage, fürderhin von dem Ehemann abzulassen, der als Alleinbesitz der Gattin zu gelten habe. Für die Objektivität des Gerichtshofs spricht, daß über die Ehefrau, die den sakrosankten Paragraphen eins verletzt hatte, eine höhere Strafe verhängt wurde: sie wurde mit drei Tagen Dörrobstentzug bestraft. Der Gatte hatte auf Ehescheidung geklagt, was jedoch der Gerichtshof ablehnte. So blieb ihm nichts anderes übrig, als – da das Tribunal seiner Geliebten den Umgang mit ihm verwehrt hatte – diesen Umgang mit Gewalt zu ertrotzen, was wieder de jure und de facto eine Verletzung des Paragraphen eins bedeutete, aber nicht geahndet wurde, weil die betroffene Telefonistin keine An-

 zeige gegen den Überwältiger erhob, ja sogar in der unverhohlen geäußerten Befriedigung über einen solchen Rechtsbruch einige anarchistische Gesinnung erkennen ließ.

DIE VERWALTUNG vermehrte sich; die Zahl der Gesetze wurde groß und für den Gesetzeswisser eine solche Bürde, daß er zu ihren Gunsten ganze Partien des HAMLET – mit Ausnahme der großen Monologe – aus seinem Gedächtnis und damit aus dem Kulturbewußtsein der Republik verdrängen mußte. Dafür arbeitete er an imposanten Plänen für Festspiele, die im kommenden Jahr die Überlebenden zu Sammlung und Einkehr – ein Begriff, der den Hersteller des Dörrobstgetränks den Festspielgedanken in schöner Selbstlosigkeit zu fördern veranlaßte – in einer noch zu erstellenden Theaterarena vereinigen sollte. Adam Schmitt hatte mehr aus Schabernack einen Orden aus Draht entworfen, aber der Staatspräsident fand, dieser Orden strahle eine wesentliche Symbolkraft aus und sei geeignet, das staatsbürgerliche Bewußtsein zu stärken. Er verlieh die erste, besonders prunkvolle Ausführung sich selbst und bestellte bei dem Maler weitere Exemplare, um sie all denen, die sich ihm besonders willfährig zeigten und anderen, bei denen er größere Schulden hatte, ans Nachthemd oder an den Schlafanzug zu heften. Dieser Ordenssegen gab allerlei Anlaß zu gewaltigen politischen

Intrigen und Rankünen und teilte das Volk in Dekorierte und Nichtdekorierte; ein Übelstand, dem erst abgeholfen war, als schließlich jeder den Orden besaß. Indessen wurde der greise Präsident immer schwerhöriger und unzugänglicher, maßte sich das Gottesgnadentum an, heischte von allen Staatsbürgern gegrüßt zu werden und duldete Widerspruch nur, weil er ihn nicht hörte.

NICHT NUR AUF EINER HÖHEREN Ebene jedoch gedieh das Staatswesen; auch die unscheinbaren und weniger wichtigen Fortschritte, welche der den Verwaltenden immer etwas suspekten praktischen Gruppe um Frau Köln-Kalk zu verdanken waren, hießen die Geretteten mutiger in die Zukunft blicken. Unter der tatkräftigen Anleitung der ehemaligen Lehrerin, welche ihre pädagogischen Fähigkeiten immer noch nicht zu unterdrücken wußte, wurde Meergetier wie Krabben, Muscheln, Langusten, Seeigel und Tintenfische gesammelt und als delikate »Fruits de la mer« der menschlichen Ernährung zugeführt. Ein in Schlingen gefangenes Fasanenpaar verbot Frau Köln-Kalk zu schlachten, ließ für die Tiere ein Gehege bauen und bediente sich ihrer sachkundig zur Zucht. Sie lockte Möwen mit Küchenabfällen an und brachte ein Gesetz durch, das es verbot, die Nistplätze dieser Tiere zu zerstören und ihnen alle Eier wegzunehmen. Die Tatsa-

che, daß sich die Tierwelt keineswegs so dezimiert zeigte wie die Menschheit, ließ in den Überlebenden manchmal den Gedanken aufkeimen, daß vielleicht noch andere Menschen die Katastrophe überstanden hätten – eine Vermutung, die sie jedoch mit Unbehagen bald wieder zur Seite schoben. Denn der Leiter des Amts für Jagd und Fischfang war als Ministerialdirigent ein in staatspolitischen Problemen wohlbewanderter Sachkenner und machte die Republikaner darauf aufmerksam, daß der Boden, auf dem sie sich niedergelassen hätten, ja ehemals ausländisches Territorium gewesen sei, und daß eventuelle Überlebende der Französischen Republik formal das Recht hätten, die Geretteten auszuweisen.

AUCH DER PFLANZENWUCHS gedieh dank der Fürsorge Frau Köln-Kalks und ihrer freiwilligen Mit-Gärtner. Als die erste Tomate geerntet werden konnte, die nach einem wütenden Verfassungsstreit dem Staatsoberhaupt zugesprochen, von diesem aber gegen eine Dose Wildpastete an Herrn Wollenbauer veräußert wurde, gab es ein großes Fest, an dem der Staatschef zum ersten Mal Champagner verteilen ließ: auf fünf Personen eine Flasche als Tomatenerntefestsonderzuteilung. Mais wuchs, ein kleiner Ölbaum versprach für spätere Jahre Ernte, Kartoffeln blühten, was wieder zu einem Zwischenfall führte: hatte doch das putzsüchtige Fräulein Widerhold einige der blaßvioletten

Blümchen abgerissen und ins Haar gesteckt. Aus den leeren Sektflaschen und aus Konservendosen, die Herr Wollenbauer, dessen Taille sichtlich aus dem Leim ging, zum kleineren Teil für die Allgemeinheit, zu einem größeren Teil zur Beschwichtigung der Regierenden und zum größten Teil für den Schwarzen Markt anzuschleppen nicht müde wurde, fertigten die Handwerker allerlei Geräte zum Schaben, Schneiden, Schöpfen und Aufbewahren. Die Grenzen wurden, trotz der Warnungen des Werbeberaters vor Radioaktivität, weiter gesteckt. Auch Herr Schmitt machte kleine Expeditionen, von denen er alte Autoreifen, eine zerschlissene Gardine, einen Kinderroller und ein arg ramponiertes Fahrrad mitbrachte. Die Autoreifen dienten als Rohstoff für Schuhe und Mützen; die Gardinen bekam Frau Köln-Kalk, die sich ein Kleid daraus nähte, das sie selbstlos für feierliche Zwecke auslieh; der Kinderroller wurde nur selten benützt und das Fahrrad als Behördenfahrzeug eingezogen. Ein Dienstchauffeur wurde eingestellt, der eine Schirmmütze trug und die Aufgabe hatte, den Präsidenten auf der Querstange bei Dienstreisen zum Badestrand zu befördern. Frau Köln-Kalk zeigte ihren Handwerkern, wie man aus sprossendem Rohr Pfeifen und Flöten schnitzt; eine Trommel wurde angefertigt; und als Herr Wollenbauer eine alte Autohupe gefunden hatte, bewies er seine musische Gesinnung und stiftete sie für das Orchester, das sich bald zusammenfand. So war man musikalisch nicht mehr auf die Platte ES STEHT EIN SOLDAT AM WOLGASTRAND an-

 gewiesen; obgleich dieses Musikstück vielerlei Geschmäcker zu befriedigen wußte: die Patrioten freuten sich an dem Passus HÄLT WACHE FÜR SEIN VATERLAND; den Frömmelnden – denn Fromme gab es kaum – gefiel die Zeile DU HAST DER ENGLEIN IM HIMMEL GAR VIEL, und den alternden Damen sprach der vom Tenor besonders ausdrucksvoll vorgetragene Satz ES SEHNT DOCH MEIN HEHERRZ NACH LIEIEBE SICH aus den heftiger pochenden Herzen.

VON SEINEN EXPEDITIONEN hatte Herr Wollenbauer schon manchen Gegenstand mitgebracht, der – wie er sich ausdrückte – den Konsumwünschen seiner Mitbürger stark entgegenkam und eine schmerzhaft empfundene Lücke auf dem Absatzmarkt schloß. Aber er hätte sich nicht träumen lassen, mit welcher Besessenheit sich die Geretteten auf ein paar Briefblocks stürzten, die er unversehrt in einer Ruine gefunden und ahnungslos zusammen mit ein paar Konservendosen aus seinem heimlichen Lager der Allgemeinheit zur Verfügung gestellt hatte. Herr Wollenbauer kannte von seiner früheren Tätigkeit als Werbeberater den Wert beschriebenen Papiers wohl: hatte er doch von der Fähigkeit, flink in bescheidenem Deutsch Seite um Seite füllen zu können, um arglosen Werbechefs für teures Geld zu beweisen, daß der Käufer ein schwachsinniges Wesen sei, für den keine Art der Werbung einfältig genug sein könne, ganz gut gelebt und seine eigene Armut an Einfällen hinter dem Vorwand der Übereinstimmung mit den Massenbedürfnissen getarnt. Als

er nun die Briefblocks im Regierungszimmer abgeliefert hatte, versetzte der Fund die Verwaltung in einen vom behördlichen Temperament gedrosselten Freudentaumel. Denn die üppiger als Ölbaum, Mais und Kartoffeln ins Kraut geschossenen Ämter und Planungsstellen fühlten sich ohne Papier ihrer wesentlichsten Funktionen beraubt: sie konnten ihre eigene Wichtigkeit nur schwer beweisen, die Republik nicht vollständig erfassen und sich nur mühsam vermehren. Der kleine Stoß Papier indes nährte jäh überspitzte Hoffnungen auf Listen, Akten, Rundschreiben, Dokumente, Formulare, Kundmachungen, Laufzettel, Protokolle und Ablegemappen: lauter Dinge, welche die Verwaltung so brotnötig machen. Indes gab es auch Staatsbürger, die ohne Einsicht in die Notwendigkeiten eines präzis laufenden Behördenapparats engstirnig und egoistisch genug waren, zu fordern, daß das Papier gleichmäßig zu verteilen sei. Besonders eine ältere Dame, die ihr schriftstellerisches Talent entdeckt hatte und der Maler Adam Schmitt, der allen Ernstes die überhebliche Meinung äußerte, ein leeres Blatt Papier könne nicht mehr geadelt werden, als dadurch, daß es ein Künstler in eine Zeichnung oder in ein Manuskript verwandle, verlangten, daß die weißen Bogen privatisiert würden. Die Masse der Staatsbürger indessen hatte Verständnis dafür, daß der kostbare Rohstoff als Samen für die Verwaltung, der man schließlich keine Jungfernzeugung zumuten könne, unentbehrlich sei und bestimmte durch ein Gesetz, daß alle künftigen Papierfunde der Behörde zur Verfügung gestellt werden müßten. So konnte endlich der Gesetzeswisser entlastet werden, dessen strapazierter

 Kopf die beschlossenen Paragraphen kaum mehr zu fassen vermochte. Ein Gesetzbuch wurde angelegt, in das Adam Schmitt den Paragraphen eins besonders feierlich in schönen Antiquabuchstaben malte, in der Hoffnung, bei dieser Arbeit ein paar Blätter unbemerkt verschwinden lassen zu können, was aber unter den kontrollierenden Augen des Polizeipräsidenten unmöglich war. Nicht einmal die graphische Mühe belohnte man mit einem Blatt Papier. Schmitt machte seiner Enttäuschung darüber bei Fräulein Widerhold Luft. »Was hätten Sie mit einem Blatt angefangen?« fragte ihn das Fräulein, das den Maler nicht ungern sah, obgleich er nicht zu ihrem Schülerkreis gehörte. »Ich hätte Sie gezeichnet, weil Sie so schön sind«, gab er zur Antwort und umfaßte die selbstlose Dame mit ein paar wohlwollenden Blikken. Es war einer jener Sätze, die man achtlos fallen läßt und die erst in späterer Sicht recht bedeutungsvoll erscheinen. Aber zurück zu des Malers Arbeit: es war höchste Zeit für den Staat, die Gesetze ein für allemal schwarz auf weiß mit Kohlestift geschrieben zu besitzen, weil sich schon eine Interessengruppe dem Gesetzeswisser in unlauterer Absicht genaht hatte. Der Hersteller des Dörrobstgetränks DÖRROMA ließ nämlich dem alten Schauspieler größere Mengen seines Produkts zufließen und bezweckte damit, daß der Gesetzeswisser die Paragraphen, welche die Herstellung alkoholischer Getränke regelten, in einer vom Gesetzgeber keineswegs beabsichtigten Version in sein Gedächtnis eingrübe, wonach einer künftigen Konkurrenz – die mit den wachsenden botanischen Erfolgen zu befürchten war – keinerlei Möglichkeiten gegeben werden sollte, ihre Produkte auf den Markt zu werfen.

ABER AUCH DER BESITZ des Staates an bedrucktem Papier mehrte sich. Beim Scharren im Sand war der Hund Coco auf eine Nummer der Zeitung LE MONDE gestoßen, der Staatskonservator war herbeigeeilt und hatte das Exemplar, so gut es ging, gerettet und restauriert. Der Ministerialdirigent hielt Vorlesungen aus dieser Zeitung und vermittelte seinen Mitbürgern wertvolle Einblicke in die Probleme einer versunkenen Welt: Die Abrüstungskonferenz in Genf – Der feierliche Verzicht auf Experimente mit nuklearen Bomben – Ein Prozeß gegen die Wilderer von Montbéliard – Autounfälle am Wochenende – Die Tollwut in Lyon – Der plötzliche Tod des Präfekten von Tours – Brigitte Bardots Urteil über Marcel Proust – Die Pläne der Compagnie Jean Vilar für die kommende Spielzeit. Den Staatsbürgern stand nun ein bemerkenswert vielfältiger Lesestoff zur Verfügung: das Telefonbuch von Toulon; eine Zehnpfundnote, die der Bankdirektor gestiftet hatte; der Taschenkalender, der durch ein Enteignungsgesetz aus dem Besitz Fräulein Widerholds in Staatseigentum übergegangen war; ein von dem Schrotthändler großzügig gestiftetes Scheckformular der Spar- und Darlehenskasse Gütersloh und der Werbeprospekt der Schiffsreederei für die so jäh unterbrochene Griechenlandreise, den einer der Geretteten noch bei sich geführt hatte. Eine Speisekarte des Restaurants CHEZ ALPHONSE, die ebenfalls ausgegraben worden war, kam in den nur für Wissenschaftler zugänglichen literarischen Giftschrank, weil der Präsident von der Lektüre dieser Genüsse eine demoralisierende Wirkung auf die Staatsmoral befürchtete. Das Staatsoberhaupt war auch nicht bereit, sich von seinem Baedeker zu trennen; ja er stellte dieses topographisch so

wichtige, volksbildende Werk nicht einmal für Vorlesungen zur Verfügung und sabotierte ein kühnes Enteignungsgesetz einfach dadurch, daß er es nicht unterschrieb.

DIE UNTER DER AUFSICHT von Frau Köln-Kalk angelegte öffentliche Sonnenuhr zeigte eben die dritte Mittagsstunde eines sauber gewaschenen Spätsommertags an, als Herr Wollenbauer gehetzt und mit gesträubtem Haar ins Hotel zum Fortschritt stürzte und eilends seinen Mitbürgern von einem Erlebnis berichtete, das den Aufbau des inzwischen recht ansehnlichen kleinen Staates empfindlich zu stören drohte. Atemlos und nach Worten suchend erzählte der tüchtige Mitbürger dem Sinne nach ungefähr folgendes: »Wie immer machte ich mich unter Hintansetzung meiner Gesundheit auf, um die Staatsgrenzen, wie es mir eine Ausnahmevorschrift als einzigem zubilligt, zu überschreiten und in dem radioaktiv verseuchten Gebiet nach Nahrung und Gerät für euch, liebe Mitbürger, zu fahnden. Obwohl mich mein Geigerzähler warnte, drang ich diesmal tief in unerforschtes Gebiet ein und überschritt dabei nicht ohne Atemnot den kleinen, mit verkohlten Baumstümpfen gespickten Hügel, der unserem Blick ins Hinterland Einhalt gebietet. Wer aber beschreibt meinen Schrecken, als ich dort durchs Fernglas, dessen leihweise Benützung für meine Expeditionen mir das Gesetz zugestanden hat, auf einer riesigen Kuppel, die nichts anderes darstellen kann als eine jüngst gelandete FLIEGENDE UNTERTASSE, Lebewesen von gräßlichen Ausmaßen erblicke. Um mich zu verge-

wissern, ob ich keiner Fata Morgana erlegen sei, gehe ich weiter ins Land, nähere mich unerschrocken den Wesen aus einer anderen Welt, denn um nichts anderes kann es sich auf Grund meiner Beobachtungen handeln. Die drei dunkelhäutigen Ungeheuer, die sich auf der Fliegenden Untertasse sonnten, hatten mich ebenfalls bemerkt. Der Paragraph eins unserer Verfassung scheint ihnen unbekannt zu sein, oder, was noch schlimmer wäre, von ihnen nicht respektiert zu werden. Denn als Stabszahlmeister des letzten Krieges, als welcher mit dem Kriegsverdienstkreuz Erster Klasse ausgezeichnet worden zu sein ich nicht verhehle, entging es mir nicht, daß die interplanetarischen Wesen ein Gerät gegen mich in Stellung brachten, das ich dank meiner reichen Fronterfahrungen unschwer als Maschinengewehr zu identifizieren in der Lage war. Von dem Bewußtsein durchdrungen, daß ich meinen verseuchten Körper der Allgemeinheit erhalten müsse, setzte ich mich verantwortungsvoll und planmäßig ab, ohne daß es zu Kampfhandlungen kam, und bin nun hier, um euch, liebe Mitbürger, diese unser Staatswesen in den Grundfesten erschütternde Mitteilung zu machen.«

Die Wirkung dieser Nachricht war ungeheuerlich. Herr Wollenbauer wurde sofort zum Präsidenten geführt und schrie ihm die frappierende Mitteilung ins Ohr. Das Staatsoberhaupt meinte erst, es handle sich um eine Beschwerde des Hausfrauenverbands über die Ameisenplage, aber das Gewicht und die Lautstärke der Wollenbauerschen Information vermochten schließlich die Schwerhörigkeit des greisen Staatschefs zu überwinden, der sofort seine engsten Mitarbeiter zu sich rufen ließ. Dazu gehörten

 außer Herrn Wollenbauer, den das Staatsoberhaupt dank seiner Lebensmittellieferungen für den Repräsentationsfonds schon lange zu seinem persönlichen Referenten ernannt hatte, der Leiter des Amts für Jagd und Fischfang und der Polizeipräsident. Die vier Herren bildeten den sogenannten STAATSRAT, welcher allerdings der Vollversammlung verantwortlich war und dessen wichtigste Beschlüsse von dieser gebilligt werden mußten. Aber auch der Öffentlichkeit bemächtigte sich äußerste Erregung. Kaum jemand war im Zweifel, daß die Wesen von einem anderen Stern feindliche Absichten hegten. Denn sie waren fremdartig, dunkelhäutig und hatten sich auf einem kuppelförmigen Gebilde niedergelassen: lauter Faktoren, die bewiesen, daß dem jungen Staat, der noch nicht einmal einen Namen hatte, von diesen EINDRINGLINGEN, als welche die Fremden zu bezeichnen sich die öffentliche Meinung sogleich festlegte, Gefahr drohte. Es hätte gar nicht des dräuenden Maschinengewehrs bedurft, um zu beweisen, daß die Fremden, die nicht von der

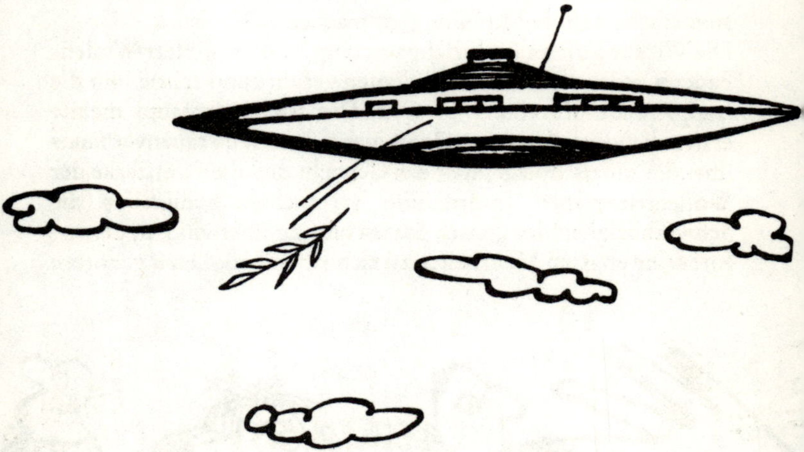

Vorsehung zur Rettung ausersehen worden seien, sondern sich des Territoriums durch unerlaubten Einflug widerrechtlich bemächtigt hätten, aggressive Absichten im Schilde führten. Nur die in politischen Dingen naive Frau Köln-Kalk, unterstützt von dem arglosen Adam Schmitt, gab zu bedenken, daß fremd nicht gleichbedeutend mit feindlich sei, und wies an vielen Beispielen aus der Geschichte nach, daß manche Feindschaft nur aus der Angst vor dem Fremden entstanden sei. Der arglose Maler Schmitt ging sogar noch weiter und sagte, wenn die einst dicht bevölkerte Erde Platz für Milliarden Menschen gehabt habe, so biete der jetzt augenscheinlich durch die optimale Wirkung der nuklearen Geschosse völlig evakuierte Kontinent auch Raum für eine Fliegende Untertasse und deren Insassen, die vielleicht – wer könne es wissen – nur einen Betriebsausflug oder eine Studienreise auf die devastierte Erde gemacht hätten, um die Auswirkungen des technischen Fortschritts zu bestaunen. Die Reden solch ahnungsloser Intellektueller fanden indes im Volk wenig Echo. An diesem Abend saß fast das ganze Staatsvolk im Gartenlokal des Café DÖRROMA und selbst der Polizeistunde, welche die Mitglieder des Sittlichkeitsvereins fürsorglich durchgesetzt hatten, wurde nicht geachtet, zumal sich der Polizeipräsident immer noch im Staatsrat der Beratung hingab. Eine weitere Nachricht gab den Gerüchten neue Nahrung. Herr Wollenbauer, dem zu allem Unglück bei seinem planmäßigen Rückzug der vermeintliche Geigerzähler abhanden gekommen war, der ihm bei seinen Mitbürgern ein so großes Ansehen verlieh, ließ sich wegen eines Unwohlseins aus dem Staatsrat beurlauben und

 suchte das tröstliche Fräulein Widerhold in ihrem neuerbauten Etablissement TUSCULUM auf, das von einigen böswilligen Damen, die verleumderisch behaupteten, in diesem Gebäude fänden eher Liebes- als Leibesübungen statt, durch arg verletzende, aus dem lateinischen COIRE abgeleitete Vorsilben entstellt wurde. Fräulein Widerhold jedoch war nicht zu Hause. Sie wurde gesucht, und man fand sie innerhalb der Staatsgrenzen nicht. Erst am anderen Vormittag traf sie mit einem umfangreichen Seesack wieder ein, der die öffentliche Neugier heftig kitzelte. Sie trug eine Uniformjacke, die älteren Staatsbürgern noch von der Befreiung nach dem vorletzten Krieg her in angenehmer Erinnerung war und entnahm in ihrem Tusculum dem Sack eine Stange Zigaretten, einen desodorisierenden Stift, eine Militärdecke, Kölnisch Wasser, eine Packung Tabletten gegen Keuchhusten, eine Flasche Whisky, etliche Päckchen Kaugummi, zwei Dutzend Kerzen und ein Kilo Schokolade. Einen Teil der reichen Habe brachte sie ins Regierungszimmer, wies die Fragenden mit schnippischen Worten ab und war erst vor dem Staatsrat bereit, Bericht über ihren unerlaubten Ausflug zu erstatten und sich die nachträgliche Genehmigung dafür zu erbitten.

»ICH KONNTE«, so erzählte sie, »meine Neugier nicht zügeln und ging ebenfalls über den Berg, um mir die fremden Mitbewohner unseres Landes anzusehen. Sie brachten kein Maschinengewehr gegen mich auf, sondern begrüßten mich gummikauend mit freundlichen Worten. Es waren drei weißhäutige Sergeanten, die wie wir die Katastrophe überlebt haben. Sie verwalten ein riesiges militärisches Nachschublager, das hinter jenem Hügel atombombensicher unter der Erde angelegt worden ist. Das Lager blieb erhalten. Es ist gefüllt mit Kraftfahrzeugen, Benzin, Waffen, Uniformen, Lebensmitteln, Whisky und Zigaretten. Die drei Sergeanten aus Übersee sind durch strikten Befehl zur Geheimhaltung verpflichtet. Sie fühlen sich auch durch die Katastrophe nicht von diesem Befehl entbunden, obwohl sie annehmen, daß ihre Vorgesetzten samt und sonders umgekommen sind. Sie freuen sich sehr, daß sich in ihrer unmittelbaren Nachbarschaft noch eine ganze Reihe Geretteter befindet, bedauern aber, ihnen nichts von ihren Vorräten schicken zu können, da diese Armee-Eigentum seien und nur gegen eine Bescheinigung der vorgesetzten Dienststelle ausgegeben werden dürften. Aus Gründen der Geheimhaltung sind sie verpflichtet, jedem sich Nähernden mit den reichlich vorhandenen Waffen entgegenzutreten. Da sie des Alleinseins etwas müde sind, drükken sie allerdings bei Damen ein Auge zu. Sie wären nicht abgeneigt, gegen uns Baseball zu spielen, da sie aber zu dritt keine Baseballmannschaft zu bilden vermögen, entfällt auch die Möglichkeit eines sportlichen Konnexes. Da sie mit allem reichlich eingedeckt sind, haben sie keine Wünsche an uns; würden sich allerdings über einen gelegentlichen Damenbesuch recht

 freuen.« Und zu Herrn Wollenbauer gewandt: »Es sind durchaus keine Wesen von einem anderen Stern. Was Sie als Fliegende Untertasse ansahen, ist nur die Kuppel ihres unterirdischen Nachschublagers. Sie unterscheiden sich in ihren Wünschen in keiner Weise von den Mitbürgern unseres Staates – ja man kann sogar sagen, daß sie darin bescheidener sind.«

FRÄULEIN WIDERHOLD HATTE geglaubt, mit diesen Informationen, die das von Herrn Wollenbauer Berichtete auf ein faßliches Maß reduzierten, einen Beitrag zur Beruhigung des öffentlichen Lebens geleistet zu haben. Aber bald sah sie sich in diesem Glauben herb enttäuscht. Denn die Tatsache, daß es sich bei den Nachbarn nicht um unheimliche Wesen von einem anderen Stern, sondern um hochgerüstete Militärs handelte, die von der – wie es sich jetzt erst herausstellte – doch recht unzuverlässigen Vorsehung übersehen worden waren, wurde von allen weitsichtigen Staatsangehörigen als Bedrohung aufgefaßt. Die alsbald einberufene Vollversammlung war sich mit dem Staatsrat darin einig, daß man sich gegen diese Gefahr schützen müsse. Zu diesem Zweck wurde die bislang so lasch gehandhabte Arbeitsdienstpflicht verschärft mit dem Ziel, die Staatsgrenzen durch Wall und Graben zu schützen. Der ehemalige Schiffskoch, der durch die verbesserte Ernährungslage nicht mehr um seinen ansehnlichen Leib zu bangen brauchte und deshalb auch der von ihm gegründeten VEGETARISCHEN UNION längst den breiten Rücken gekehrt und im Verzehr von gebratenem Fisch,

grillierten Möwen und Fasanenküken die einstigen Gesinnungsfreunde verraten hatte, wurde zum LEITER DES SCHANZAMTES berufen. Trotz dieser Maßnahmen wurde von der Vollversammlung die Möglichkeit einer friedlichen Koexistenz mit den Eindringlingen – welchen Namen die ihrem Eid und ihrem Befehl so ergebenen Soldaten nie mehr verloren – nicht grundsätzlich verneint. Die Republikaner gingen in ihrer nationalen Selbstverleugnung sogar soweit, den Fremdlingen anzubieten, unter Überlassung ihres Nachschublagers ein Einbürgerungsgesuch zu stellen. Da die Eindringlinge keinem alten Kulturvolk angehörten und augenscheinlich nicht fähig gewesen waren, sich seit der Katastrophe neue Kulturwerte zu schaffen, könne man sie natürlich nicht als gleichberechtigte Staatsbürger aufnehmen, sondern bloß als Gäste, die der sonst im Sitzen tagenden Vollversammlung nur stehend und ohne Stimme beiwohnen dürften. Bei dieser Gelegenheit kam auch der Übelstand zur Sprache, daß die junge Republik wohl schon eine Geschichte, aber noch keinen Namen habe. Darüber entstand eine lange Debatte. Der Präsident schlug vor, das Staatswesen schlicht und einfach JUSTIZRAT-DR.-MUNDELFINGER-LAND zu nennen. Aber andere Staatsangehörige gaben zu bedenken, man möge doch dem Sinn des hehren Paragraphen eins auch im Namen Ausdruck verleihen, und schlugen FRIEDENSSTRAND vor. Dagegen wandte der Leiter des Amts für Jagd und Fischfang ein, das Wort STRAND lasse zu leicht eine Beschränkung auf das gegenwärtige Territorium vermuten, was für spätere Landnahmen hinderlich sei; denn er sei sich doch mit allen vaterländisch Gesinnten in der Hoffnung einig, daß der junge Staat weiter wachse, blühe

 und gedeihe. Er schlage deshalb den Namen FRIEDENSLAND vor. Dieser verpflichtende Vorschlag wurde mit großer Mehrheit angenommen. Alsbald wandte jedoch der Polizeipräsident ein, Friedensland benötige auch ein nationales Symbol, eine Flagge. Eine Dame machte den Vorschlag, Fräulein Widerhold solle zu diesem Zweck ein Stück ihrer zweifellos in harten Leibesübungen mit den Eindringlingen erworbenen Militärdecke abgeben, womit die Landesfarbe KHAKI schon gegeben sei; aber die Männer widersprachen diesem Vorschlag und genehmigten, daß aus der Decke ein Anzug für den Präsidenten und ein Tailleur für die Erwerberin gefertigt werde. Fräulein Widerhold war von diesem Entgegenkommen so gerührt, daß sie ein Stück ihres Nachthemds als Flagge abzutreten sich erbot. Die Vollversammlung nahm das hochherzige Angebot an, zumal ein strahlendes Weiß ohne aggressive Farbzusätze die politisch so unschuldigen Ziele von Friedensland delikat zu symbolisieren in der Lage wäre. Dabei stellte man fest, daß sich die neue Fahne, für die Fräulein Widerhold ohne Zögern die am weitesten südlich gelegenen Teile ihres Nachthemds abgetreten hatte, auch trefflich als Parlamentärsflagge eignete und beauftragte den etwas furchtsamen Herrn Wollenbauer, sich damit den Eindringlingen zu nähern und ihnen die Vorschläge des friedländischen Volkes zu unterbreiten. Nur die Hoffnung, seinen Geigerzähler wiederzufinden, ließ Herrn Wollenbauer diesem Vorschlag beistimmen, und er machte sich, während im Schanzamt schon die Schanzpläne ausgearbeitet wurden, wofür jede Behörde 10 Prozent ihres Pa-

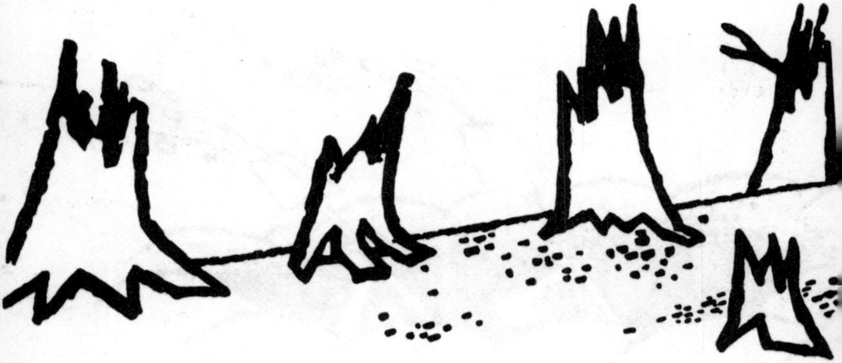

pierbestands abzuliefern hatte, auf den Weg, um den Nachbarn
die Vorschläge für ihre Heimführung und Befreiung aus der Unkultur zu unterbreiten.

IM SCHATTEN dieses hochpolitischen Ereignisses spielte sich indessen etwas ab, was vielleicht weniger bemerkenswert, dennoch nicht ohne Bedeutung für das friedländische Leben war. Eva Widerhold hatte nämlich dem Maler Adam Schmitt heimlich einen Block OVERSEA-POST mitgebracht: hauchdünnes, aber kräftiges, blütenweißes Papier und ein halbes Dutzend Zeichenstifte, welche sie in ihrem reizvollen Pidgin-Kauderwelsch den Sergeanten abzuschwatzen verstanden hatte. Der Maler war ob dieses Geschenks so gerührt, daß er die Spenderin spontan auf die schöne Stirn küßte, was sie sich nicht ungern gefallen ließ, und prompt sein Ansinnen wiederholte, Fräulein Widerhold porträtieren zu dürfen. Sie hatte freudig zugestimmt, alle ihre Gymnastikstunden abgesagt, die Flasche Whisky geöffnet und Zigaretten bereitgestellt. Nun wartete sie, nicht ohne Herzklopfen, wie sie beunruhigt feststellte, in ihrem TUSCULUM auf den Maler, der so ganz andere Absichten zu hegen schien als die übrigen männlichen Staatsbürger von Friedensland. Während er sie zeichnete, sagte er ihr Sätze, die sie wohliger stimmten als es der anregende Rauch des verglimmenden Virginiakrauts vermochte. »Wissen Sie, daß Sie eine der patentesten Personen sind, die diesen öden Strand bevölkern? Das Stakkato Ihrer Absätze klingt

 für mich schöner als DER SOLDAT AM WOLGASTRAND. Schade, daß Sie Ihren Gang nicht sehen können – Sie hätten Ihre helle Freude daran! Warum geben Sie sich bloß mit dem baufälligen Mannsvolk ab, das immer um Sie herumstreicht?« – »Aber Sie glauben doch nicht, daß ich mit denen...« fing Eva Widerhold etwas beklommen eine Replik an, doch der Maler schnitt ihr den Satz ab: »Ach was – Ihre komischen Gymnastikstunden sind mir schnuppe!« Er sah sie an und versuchte die Brücken ihrer mit einem Stück verkohlten Holzes nachgezogenen Augenbrauen zu erfassen und aufs Papier zu bringen. (»Wie ein behutsamer Pilot, der ganz unmerklich aufs Rollfeld aufsetzt, so gehen diese Augenbrauen in die Schläfen über«, dachte er und wollte den Satz schon aussprechen, verwarf ihn aber, weil er ihm zu kitschig vorkam.) »Das heißt, sie waren mir schnuppe«, griff er seinen letzten Gedanken wieder auf, »denn wenn ich es mir jetzt vorstelle« ... Eva Widerhold hielt seinem Blick nicht stand, sondern schielte auf das Blatt, auf dem ein Gesicht entstand, dessen zärtliche Ekstase ihr ebenso anmutig wie fremd erschien, und die sie, wäre sie in der Kunstgeschichte bewandert gewesen, vielleicht an die heilige Theresa Berninis erinnert hätte. »Das bin doch nicht ich?« fragte sie ebenso verlegen wie geschmeichelt und sah auf das Gesicht, das in Entzücken zu verdämmern schien. »Das könnten Sie sein!« sagte der Maler und strich ihr über das Haar, wobei sie eine wohlige Ahnung von Geborgenheit überkam.

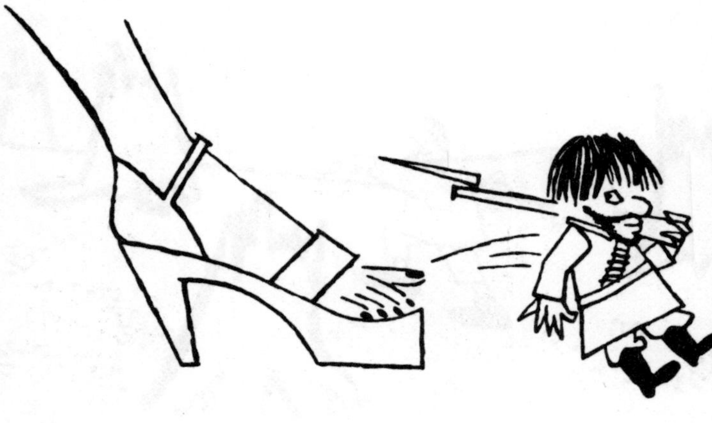

DIE HÄUFIGE GESELLSCHAFT des Malers brachte für Fräulein Widerhold, deren Lebenswandel bisweilen ihren Mitbürgerinnen Anlaß zum Ärgernis geboten hatte, einen Wandel ihres Lebens mit sich, den der größere Teil der männlichen Bevölkerung nicht zu billigen vermochte. Sie gab ihre Unterrichtsstunden völlig auf und suchte dafür das Beisammensein mit Adam Schmitt, der sich das, wie es schien, auch gern gefallen ließ, ja sogar Gefallen daran fand. Sie wollte ihm die Uniformjacke schenken, die er jedoch zurückwies, da er sein Lebtag unter einer bedauernswerten Allergie gegen gleichmachende Kleidungsstücke gelitten hätte. Da er handwerklich recht geschickt war – darob wurde er von den musisch Gesinnten etwas scheel angesehen – machte er daraus ein zivilistisch wirkendes Obergewand für seine Seelenfreundin. Er entwarf ihr auch das vom Staatsrat genehmigte Tailleur, zeigte sich darin allerdings so großzügig, daß für den Anzug des Präsidenten zu wenig Stoff übrigblieb, so daß es für den hohen Herrn nur zu einer kurzen Hose und zu einem sehr engen Jackett reichte, die den hageren Präsidenten wie eine Wurstpelle umspannten. Leider kann an dieser Stelle nicht verschwiegen werden, daß Eva Widerhold anfing, die Verwaltung zu korrumpieren. Durch ihre frühere recht segensreiche Tätigkeit hatte sie es nämlich zu einigem Wohlstand gebracht – ja man kann wohl sagen, daß sie nach Herrn Wollenbauer die am meisten begüterte Bürgerin von Friedensland war und allerlei Konserven, Dörrobst, Knäckebrot, auch etliche Neugüter nebst

 eines Teils der spärlichen Habe der Geretteten auf die hohe Kante ihres Tusculums zu legen vermocht hatte. Als sie jedoch darauf kam, daß sie ihrem Vertrauten keine größere Freude machen konnte, als mit zum Zeichnen geeignetem Papier, da begann sie, Konnex mit den Leitern der Ämter zu suchen, um sich auf dem Tauschweg größere Posten behördeneigenen Papiers zu verschaffen, für dessen Nachschub Herr Wollenbauer auf seinen Expeditionen gesorgt hatte.

BESAGTER HERR Wollenbauer war indessen von seiner Dienstreise zu den Eindringlingen mit hängendem Kopf und hängender Fahne doppelt unverrichteter Dinge zurückgekehrt. Er war nicht einmal bis zu der Stelle gelangt, wo er seinen vermeintlichen Geigerzähler verloren hatte. Denn die FEINDE, wie er jetzt die Eindringlinge nannte, hatten gegen ihn wiederum die so rasche Mordwaffe in Stellung gebracht und ihm durch unmißverständliche Gesten zu erkennen gegeben, daß er sich fortscheren sollte. Da aber der Auftrag an die Eindringlinge keinen Aufschub duldete, bat der Präsident Fräulein Widerhold, welcher die Soldaten mit weniger Feindseligkeit entgegengekommen waren, doch die Parlamentärsflagge zu ergreifen und besser heute als morgen die hochherzigen und großzügigen friedländischen Angebote zu übermitteln. Aber die also Beauftragte lehnte kurz und schnippisch ab. Sie habe keine Lust, zu den faden Kerlen zu gehen, sagte sie, und kein Mensch könne sie dazu zwingen, da man schließlich in einer Demokratie lebe. Ein Glück, daß jene

schon wiederholt beschriebene Dame, die den Zärtlichkeiten ihres Gatten gegenüber so allergisch war, in die Bresche sprang. Sie erklärte sich bereit, die Flagge zu ergreifen und zog nicht ohne Zuspruch ihres Gemahls aus, der insgeheim hoffte, die Eindringlinge ergriffen Frau und Gelegenheit beim Schopf und behielten sie zu aller Lust und Frommen in Gewahr, wodurch ein wesentlicher Stein des Anstoßes aus des Gatten Beziehungen zu der ehemaligen Telefonistin geräumt gewesen wäre. Aber auch diese Parlamentärin, die ausgezogen war, um ein wohliges Gruseln zu lernen, kehrte bald wieder zurück. Sie schien von den Eindringlingen, die jüngeres Blut zu heischen nicht ungalant genug waren, mit Hohn und Spott empfangen worden zu sein, kam fast nicht zu Wort, erhielt allerdings eine wegen des Ausfalls sämtlicher Sender kaum mehr verwendbare Fernsehantenne als Geschenk. Ihr Gatte, dem sie bei der für seine Absichten viel zu raschen Rückkunft das Gerät überreichte, sah damit aus, als ob er Hörner trüge – ein Beweis, wie fehl oft der Zufall mit den Symbolen spielt.

Diese Erfahrungen mit den böswilligen Nachbarn trugen nur dazu bei, daß sich die friedländische Bevölkerung noch mehr zu fürchten begann und den Kassandrarufen des Staatsrats, nur wehrhafter Wall sei jetzt wähnenswert – ein stabreimender Slogan, den Herr Wollenbauer ausgeheckt hatte –, einiges Gehör schenkte, ja sogar bereit war – außer der unbotmäßigen Gruppe um Frau Köln-Kalk, die gerade die ersten Früchte ihrer gärtnerischen Arbeit erntete –, an den Schanzarbeiten zum Schutz des Vaterlands kräftig mitzuarbeiten. Ja, dieses Wort VATER-

 LAND, das nach der Katastrophe arg in Vergessenheit geraten war, jetzt tauchte es im Sprachschatz der friedländischen Bevölkerung wieder auf und gab den Kundigen Hoffnung auf eine stolze Zukunft. Zunächst war es jedoch unerläßlich, das Gespräch mit den Eindringlingen nicht abreißen zu lassen. Wieder bat der Staatsrat Fräulein Widerhold, sich doch noch einmal zu opfern, bis sie schließlich ja sagte, nachdem ihr auch der Freund gut zugeredet hatte. Sie verschmähte die Parlamentärsflagge, erbat einen Korb frischer Fische, ein Dutzend Möweneier, ein paar Tomaten und drei der ersten geernteten Maiskolben, die sich noch appetitlich in grünem Laub eingewickelt verbargen. »Komm bald wieder und mach mir ja keine Dummheiten!« sagte ihr Adam Schmitt zum morgendlichen Abschied – ein Satz, den sie sehr gern hörte und der ihr während ihres ganzen Besuchs bei den Soldaten noch im Ohr klang. Noch am gleichen Abend kehrte sie zurück, reich beladen mit einem Bettlaken, einem Spirituskocher, ein paar Pfund Seife, viel Zigaretten, Nähnadeln, Rasierklingen und einer Gummimatratze. Was sie jedoch von den Eindringlingen zu berichten wußte, klang nicht gut und war dazu angetan, den Stern des mächtigsten Mannes von Friedensland, den des Herrn Wollenbauer, jäh untergehen zu lassen. Sie berichtete erst ihrem Freund, dann dem Staatsrat ungefähr folgendes: »Schon immer quälten mich Zweifel, ob das Instrument, mit dem uns unser Mitbürger Wollenbauer in Furcht und Schrecken vor der Umwelt versetzt, auch wirklich ein Geigerzähler sei. Nun habe ich dieses Gerät auf dem Weg zu den Soldaten gefunden. Sehen Sie es sich an: ASTHMAHILF ist darauf eingraviert – ein eindeutiger Beweis, wie sehr uns unser Mitbür-

ger betrogen hat! Deshalb war auch meine erste Frage an die drei Sergeanten, die mich recht freundlich empfingen, ob sie wüßten, inwieweit das Gebiet, das wir und sie bewohnen, radioaktiv verseucht sei. Sie versicherten mir, sie hätten mit Hilfe ihrer echten Geigerzähler, von denen sie mir diesen hier als Souvenir mitgaben, festgestellt, daß keinerlei Strahlungsgefahr bestehe. Das ist das Wichtigste. Weniger wichtig ist, was ich weiter zu berichten habe: Die Soldaten denken nicht daran, ein Einbürgerungsgesuch zu stellen. Das verbieten ihnen ihre Dienstvorschriften, die ihnen hingegen befehlen, das Lager, bis sie abgelöst werden, zu bewachen und jedem sich Nahenden mit blanker Waffe entgegenzutreten. Da die Vorschrift nichts über das Geschlecht der sich Nähernden aussagt, nehmen sie zugunsten der Damen an, daß sich der Befehl auf Männer beschränkt und sind deshalb bereit, jederzeit möglichst junge und hübsche Parlamentärinnen zu empfangen und über sie mit uns in Handelsbeziehungen jeglicher Art zu treten. Man möge aber keinen Versuch machen, die Soldaten an ihrem Auftrag zu hindern, da sie alle solchen Versuche mit Waffengewalt zu brechen bereit sind und ihren Befehl, im Fall einer Gefährdung das Lager eher in die Luft zu sprengen, als es an Unbefugte zu übergeben, bis zur letzten Konsequenz, wie es einem braven Soldaten geziemt, auszuführen verpflichtet und willens sind.«

 BLITZSCHNELL SPRACH sich diese Nachricht in der friedländischen Bevölkerung herum und entartete zu dem Gerücht, jenseits des Hügels stehe eine Armee bereit, die nichts anderes im Schilde führe, als den jungen Staat zu überfallen und zu plündern. Der allgemeine Zorn wandte sich indessen weniger gegen die Gefahr aus dem Norden, als gegen den Mitbürger Wollenbauer, der Volk und Staat so arglistig getäuscht und der gesamten werktätigen Bevölkerung die Bewegungsfreiheit genommen hatte, während er das angeblich radioaktiv verseuchte Gebiet durchstreifte und sich an den gefundenen Vorräten bereicherte. Der tückische Werbeberater wurde aus dem Staatsrat ausgestoßen und verließ bei Nacht heimlich das friedländische Territorium, um sich in seinem Vorratskeller im Ruinengelände in Sicherheit zu bringen, wo er sich schon ein Buen Retiro geschaffen hatte. Denn wäre er an jenem Abend in die Hände seiner Mitbürger gefallen, sie hätten sich und den Paragraphen eins vergessen und dem gewinnsüchtigen Mitglied des Staatsrats eine gewichtige Tracht Prügel verabreicht. Seine freigewordene Planstelle im Staatsrat wurde sogleich mit einem Zahnarzt aus Eglisau, einem gewissen Herrn Dr. Xaver Löhli, besetzt, der von nun als persönlicher Referent des Präsidenten fungierte. Aus diesem feierlichen Anlaß mag hier der Einwurf erlaubt sein, daß die Griechenlandreisenden vor der Katastrophe nicht samt und sonders im Besitz eines deutschen Passes waren. Es befanden sich auch vereinzelte Staatsbürger anderer mitteleuropäischer Nationen darunter, die jedoch, soweit sie gerettet wurden, ohne Ausnahme

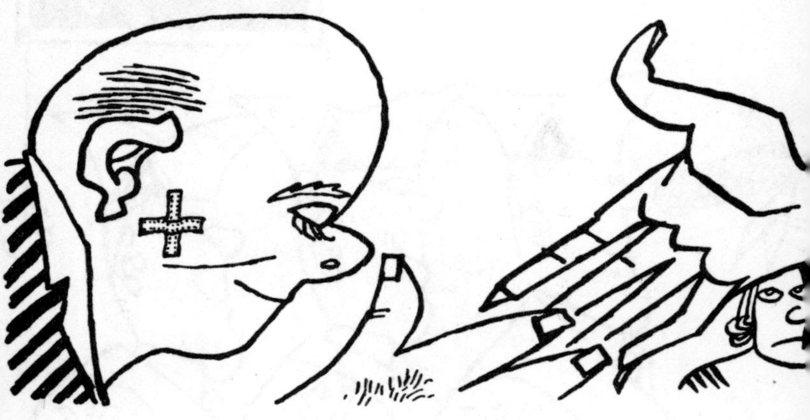

auf die Rechte ihrer Staatsbürgerschaft verzichteten und im friedländischen Gemeinwesen aufgingen. Es kann nicht genug gerühmt werden, daß in den großen Zeiten, denen Friedensland jetzt entgegenging, sich auch ehemalige Angehörige streng neutraler Staaten vorbehaltlos in den Dienst des neuen Vaterlandes stellten. Deshalb darf die friedländische Geschichte keinesfalls mit der deutschen Geschichte identifiziert werden, sondern heischt, dank der Hintanstellung nationaler Interessen aller Geretteten, als ein wahrhaft menschliches, als ein humanes Ereignis Geltung. Dies bewies die Vollversammlung, die der Präsident schon für den anderen Morgen anberaumte, um die Beunruhigung seiner Landsleute für seine hohen Ziele auszunützen. In seinem so volkstümlich schmächtigen Wortschatz formulierte der Justizrat a. D. eine Rede an sein Volk, die ungefähr folgenden Wortlaut hatte: »Meine Damen und Herren! Noch nie war die politische Lage so ernst wie heute. Das friedländische Volk, gewillt zu einer friedlichen Koexistenz mit jedem Nachbarn, sieht sich einer hochgerüsteten, in Waffen starrenden Militärmacht ausgeliefert. Der Feind hat alle unsere großherzigen Angebote abgelehnt, seine Sicherheit und seine Vorräte mit uns zu teilen. Vielleicht sieht es nicht so aus, als ob unsere Souveränität im Augenblick bedroht sei. Aber, meine Damen und Herren, ich habe aus der Geschichte gelernt und ich spreche es aus: Was nicht ist, kann noch werden. Man braucht kein Prophet zu sein, um zu erkennen, daß bald der Tag kommen wird, an dem der Feind beim Anblick unserer kulturellen Fortschritte vom Neid befallen

 wird. Neid auf unsere literarischen Schätze, Neid auf unsere Staatsgalerie, Neid auf unsere abendländische Tradition und damit nicht zuletzt Neid auf unsere tadellos funktionierende Verwaltung. Dagegen müssen wir uns schützen. Wo es aber brennt, da muß die Feuerwehr eingreifen. Da bleibt keine Zeit für lange, fruchtlose Debatten. Deshalb bitte ich Sie, friedländische Bürgerinnen und Bürger, dem Staatsrat die Vollmacht zu erteilen, daß er auch ohne zeitraubende Befragung der Vollversammlung Notstandsgesetze erlassen darf, die ein Garant unseres Schutzes sind. Sollte dieses Gesetz angenommen werden, so wird heute abend an jeden Staatsbürger eine Flasche Champagner ausgegeben.«

FRAU KÖLN-KALK widersprach als einzige den gewichtigen Worten des ehrwürdigen Präsidenten. In einer knappen Rede äußerte sie bedenkliche Ansichten, die erkennen ließen, wie unfähig Damen sind, politische Gefahren zu erfassen, was Dr. Löhli zu der Bemerkung veranlaßte, er wisse erst jetzt, wie segensreich einst die Gepflogenheit seines ehemaligen Vaterlands gewesen sei, Frauen das Stimmrecht vorzuenthalten. Die oppositionelle Rednerin hatte nämlich die Stirn, zu behaupten, die Angst vor den Sergeanten sei barer Unsinn; ja sie ging noch weiter und entwickelte die für jeden gedienten Mann beleidigende Theorie, alle Soldaten würden zur Faulheit erzogen und ein Soldat, der wie eine Made im Speck lebe und dem kein Vorgesetzter Blutvergießen befehle, sei viel zu träge, um diesen Speck zu verlassen. Sie

verstieg sich zu der Behauptung, sture Kommißköpfe gediehen nicht nur in Preußen, denn um solche handle es sich zweifellos bei den drei offensichtlich geistig etwas zu kurz gekommenen Sergeanten, und die Tatsache, daß sie sich über dem Berg einer in ihren Kreisen so hochgeschätzten Trägheit hingeben, bedeute noch lange keine Bedrohung für Friedensland. Man möge sich also eher dem so erfolgreichen Wiederaufbau, als unnützen Befürchtungen hingeben. Die Republik entwickle sich prächtig. Man solle nur an die neuen Schwimmflöße denken, die den Fischfang so ertragreich machen. An den Gartenbau, der seine ersten Früchte trage. An die Fasanenzucht und an die Möweneiersammlung, die jedem Friedländer am Sonntag sein Fasanenhuhn im Topf und seine täglichen Spiegeleier garantieren. An den Wohnungsbau, der rund ums Hotel zum Fortschritt so üppige Blüten treibe. An die Herstellung von Arbeitsgerät. Das ganze Volk solle nun ausschwärmen, um im Ruinengelände ohne Furcht vor Radioaktivität nach Vorräten und Rohstoffen zu suchen, so daß die private Wirtschaft belebt werde. Durch eine wirtschaftliche Expansion, durch Tausch von Fischen, Gemüse, Geräten solle man die Fremden und ihre Vorräte für sich gewinnen. Es bestehe weder ein Notstand noch eine Gefahr, und sie warne sehr davor, die Macht aus der Hand des Volkes in die eines einzelnen zu legen. Sie stimme deshalb gegen das Gesetz.

Glücklicherweise ersparte dem greisen Präsidenten die Taubheit, sich die unüberlegten Worte der Opposition anhören zu müssen. Aber auch sonst fand Frau Köln-Kalk wenig Zustimmung, weil sie vergessen hatte, in ihrer den Aufschwung des Staates preisen-

den Rede die Behörden lobend zu erwähnen, so daß alle in der Verwaltung Tätigen mitsamt ihren Ehefrauen der Lehrerin grollten und ihren Antrag ablehnten. Ein großer Teil der Bevölkerung war zwar gegen eine Vollmacht für den Staatsrat, aber von der Aussicht auf die Champagnerzuteilung so eingenommen, daß er gegen das Gewissen und für das Ermächtigungsgesetz stimmte. So wurde dieses Gesetz mit großer Mehrheit angenommen.

AM ANDEREN MORGEN, als der Champagner getrunken war, sah freilich ein großer Teil der friedländischen Bevölkerung die politischen Ereignisse des vergangenen Abends in einem anderen Licht und bereute seine rasche Entscheidung, zumal die ersten Notstandsgesetze verkündet wurden, die nicht dazu angetan waren, die Untertanen – denn dazu waren die Bürger über Nacht avanciert – für die hochfliegenden Ziele der Regierung und des Staatsrates zu gewinnen. Gesetz Nummer eins bestimmte nämlich, anläßlich des Notstands, der durch die Weigerung des hochgerüsteten Feindes, sich der Republik Friedensland anzuschließen, eingetreten sei, müßten alle nationalen Kräfte zusammengefaßt und jeder noch so geringe innere Hader getilgt werden. Deshalb werde sofort jede Kritik an der Regierung und an der Verwaltung unter die Strafe des Lebensmittelentzugs gestellt. Ein zweites Gesetz garantierte dem unter großer Verantwortung und harten Zukunftsaufgaben schwer arbeitenden Staatsrat die sofortige Zuteilung von doppelten Rationen an Nahrungsmitteln. Nun war das Volk kurzsichtig genug, die

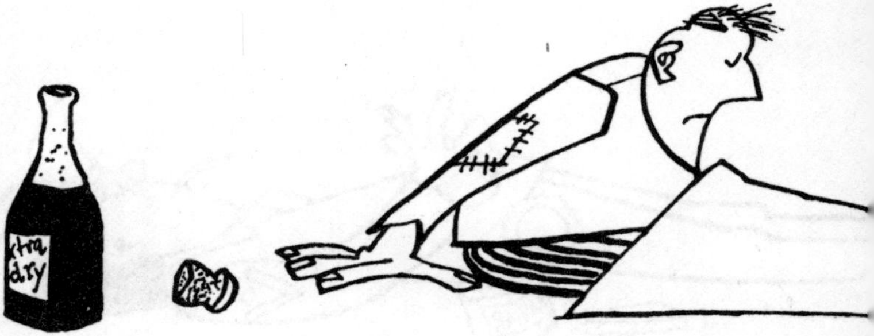

Notwendigkeit dieser berechtigten Gesetze nicht einzusehen, und es wäre an diesem Tag viel Murrens in Friedensland gewesen, wenn nicht die Bevölkerung an anderes gedacht hätte. Da man jetzt nämlich mit Sicherheit wußte, daß das Ruinengelände außerhalb der Staatsgrenze nicht radioaktiv verseucht sei, schwärmte das ganze Volk aus, um dort nach Beute zu suchen. Beladen mit zerfransten Matratzen, verbogenen Bettrosten, verunglückten Sofas, verbeulten Kanistern, verkohlten Balken und abgerissenen Telefondrähten kehrten die Bürger in ihr Territorium zurück. Auch das Vorratslager, das Herr Wollenbauer so sicher in seinem Besitz geglaubt hatte, wurde entdeckt, und der Werbeberater konnte sich nur durch die Flucht ins weitere Hinterland vor dem noch nicht verrauchten Zorn seiner Landsleute schützen. Man fiel über die unbeschrifteten Konservendosen her, um möglichst viel an Ort und Stelle zu vertilgen, weil im Staatsgebiet ja die Beschlagnahme zugunsten der Allgemeinheit drohte. Lagerfeuer wurden entfacht, und die Friedländer kochten über primitiven Herdstellen abenteuerliche und überraschende Menüs. Glücklicherweise waren die Vorräte so groß, daß keiner es nötig hatte, dem lieben Nächsten das erraffte Gut zu entreißen. Die Republikaner schlugen sich den Magen voll, bis den meisten übel wurde, was ihren Groll gegen die Regierung verstärkte. Über und über mit Vorräten beladen machte man sich erst nachts auf den Heimweg, um möglichst viel Beute vor dem Auge des Polizeipräsidenten verbergen und sie zu eigenem Nutz und Frommen aufbewahren zu können.

Da jedoch am anderen Tag einer den anderen denunzierte, wurde solch illegaler Besitz bald ruchbar und konnte zum größten Teil

FILETS
P.U.
EPINARD
ORIGINAL FRANKFURTER
ORIGINAL FRANKFURT

von der Verwaltung eingeheimst werden. Ein drittes Notstandsgesetz wurde erlassen, das alle für Wall und Graben nützliche Gegenstände wie Bettroste, Draht und Kanister dem Eigennutz der Bevölkerung entzog. Dieses Gesetz schürte den Unmut der kurzsichtigen Untertanen noch mehr und es wäre fast zu einem STAATSSTREICH gekommen, der den Bestand der jungen Republik ernstlich gefährdet hätte – ein Ereignis, über das der Chronist nicht ohne Bangen berichtet.

VON DEN WURZELLOSEN INTELLEKTUELLEN gingen, wie es so oft in der Geschichte üblich ist, die verschwörerischen Ideen aus. Der Maler Adam Schmitt war der Motor der anarchistischen Bewegung: ein Beweis, wie gefährlich verantwortungslose Künstler für bestehende Ordnungen sind. Schmitt, welcher der heftigen Zuneigung Fräulein Widerholds zunächst einigen Widerstand entgegenzusetzen vermocht hatte, war schließlich den Reizen der attraktiven Dame auch physisch erlegen und fiel in jenen LIEBE genannten Zustand, der den Menschen so unbedacht zu machen pflegt; aber das ist nur eine geringe Entschuldigung für die politischen Fehlleistungen, die sich der Maler zuschulden kommen ließ. Denn er war leichtfertig genug, den Unmut der Bevölkerung über die Notstandsgesetze des Staatsrats zu schüren und seine Mitbürger zum offenen Umsturz aufzufordern, der zweifellos geglückt wäre, wenn Frau Köln-Kalk zu den hochverräterischen Plänen Schmitts nicht nein gesagt hätte. In einer vertraulichen Unterredung weihte er die in Fragen des Alltags so kluge, in politischen Dingen aber ahnungs-

lose Lehrerin in seine Pläne ein. Fast die gesamte Bevölkerung bereue, so erklärte er ihr, den Entschluß, dem Staatsrat Vollmachten erteilt zu haben. Das Volk sei mit dem tauben und unzugänglichen Staatspräsidenten und mit den Schmarotzern, die ihn umgeben – die Feder sträubt sich fast, diese gewissenlosen Formulierungen des Hochverräters zu fixieren – unzufrieden und zweifellos bereit, in einer rasch einberufenen Vollversammlung den eigensinnigen Greis abzusetzen, den Staatsrat zum Teufel zu jagen und eine vernünftige und volkstümliche Person zum Staatsoberhaupt zu wählen. Nach ihrer letzten Rede, deren Bedeutung dem Großteil der Bevölkerung allerdings erst aufgegangen sei, als der Champagner, der schon als Aspekt die Hirne vernebelt hätte, getrunken war, habe sie alle Chancen, auf legalem Weg mit großer Mehrheit gewählt zu werden. Ob sie eine solche Wahl annehme? Frau Köln-Kalk indessen besann sich nicht lange: »Mein lieber Schmitt«, so sagte sie, »wir Intellektuellen taugen nicht für die Politik. Die müssen wir den Leuten überlassen, die zu sonst nichts zu gebrauchen sind. Gesetzt den Fall, ich nähme das Amt an, das mir nichts als Ärger brächte: was geschieht dann mit unserem Garten? Wer sorgt für den Fischfang? Wer kümmert sich um die Fasanenzucht? Wer gibt den Mitbürgern Tips, damit sie die gräßlichsten Geschmacklosigkeiten im Wohnungsbau unterlassen? Was ist mit den Booten und Flößen, die wir bauen wollen? Sie sind viel zu sehr mit Ihrer Kunst und mit dem reizenden Fräulein Widerhold beschäftigt, als daß Sie sich um all diese Dinge, die mir so am Herzen liegen, kümmern könnten. Und meinen Sie vielleicht, ich könnte alle diese lebenswichtigen Dinge einem Herrn oder einer Dame aus

der Verwaltung oder gar dem sauberen Herrn Wollenbauer anvertrauen? Nein, nein, ich bleibe bei meinen Leisten! Wenn der Staat verludert, dann ist das nicht so schlimm wie wenn mein Garten verludert. Lassen Sie mich aus dem Spiel!« Mit solchen Argumenten, die uns keineswegs überzeugen, weil sie ethischen Forderungen kaum entsprechen, lehnte Frau Köln-Kalk Schmitts Zumutungen ab und die politische Atmosphäre Friedenslands blieb von weiteren umstürzlerischen Absichten verschont.

WELCH EIN GLÜCK für den Staat, daß eine Bürger bald vergessen, sich rasch an schwindende Rechte und wachsende Pflichten gewöhnen, ja nicht einmal merken, wenn ihnen straffere Zügel angelegt werden! Diese Tatsache kam auch dem verfemten Herrn Wollenbauer zugute. Schon nach ein paar Tagen kroch er aus seinem Versteck und kehrte, reich beladen mit Plänen, die er dort ausgearbeitet hatte, ins Hotel zum Fortschritt zurück, wo er alsbald vor dem Staatsrat erschien, um sein Unrecht wiedergutzumachen und das vorzutragen, was er sich zu Nutz und Frommen der Bürger von Friedensland ausgedacht hatte. Er eröffnete den erst etwas reservierten, später immer mehr aufgeschlossenen Staatsräten, es sei nicht damit getan, sich gegen den Feind mit Wall und Graben zu schützen. Es gelte, eine schlagkräftige Verteidigung aufzubauen, eine FRIEDENSWEHR zu schaffen und alle nationalen Kräfte in einer VATERLÄNDISCHEN UNION zusammenzufassen. Jeglicher Konnex mit

dem Feind sei zu vermeiden, jedes Nord-Süd-Gespräch müsse bestraft werden, da die Eindringlinge ja keine von ihrem Volk rechtens gewählten Repräsentanten seien und jeder Verkehr mit ihnen den Verteidigungsgedanken lähme. Den Feind müsse man im Auge behalten. Deshalb schlage er vor, daß – auch für die Eindringlinge zur Warnung – ein Doppelposten auf dem Hügel unter der friedländischen Fahne aufziehen solle. Um jedoch dem bösen Nachbarn zu zeigen, daß Friedensland gewillt sei, seine Souveränität und seine kulturellen Fortschritte mit allen Mitteln zu verteidigen, sei es ratsam, das allzu sanftmütige Weiß der Flagge mit einem Totenkopf über gekreuzten roten Schwertern zu beleben. Getreu diesem Symbol müsse das ganze Land in eine Waffenschmiede verwandelt werden, damit man jeder Gefahr furchtlos ins Auge blicken könne. Die Bogen, Pfeile, Angelhaken und Harpunen, mit denen man Jagd und Fischfang betreibe, seien so zu verbessern, daß sie auch für die Verteidigung der Freiheit taugen; aber außer diesen konventionellen Waffen müßten Speere, Bajonette, Katapulte und Schleudern verfertigt werden, die, in eindrucksvollen Paraden angesichts des Feindes vorgeführt, diesem jeden Mut nähmen, den Frieden zu bedrohen. Durch die Förderung des Waffenhandwerks werde überdies die Wirtschaft belebt, der Staatsgedanke propagiert und die Arbeitslosigkeit beseitigt, abgesehen von der großen erzieherischen Wirkung der Maßnahmen.

DIESER VORTRAG Herrn Wollenbauers machte echt Eindruck auf den Staatsrat. Der Präsident, der einen großen Teil des mit bedeutender Lautstärke referierten Plans verstanden hatte, sagte, es gelte endlich einen Schlußstrich unter die leidige Vergangenheit zu ziehen und allen Streit zu vergessen, da es sich der Staat nicht leisten könne, auf einen Mann wie Herrn Wollenbauer zu verzichten. Er bot dem Wehrberater die Leitung des AMTS FÜR VERTEIDIGUNG an und Herr Wollenbauer nahm das als einen Ruf des Vaterlands, dem sofort Folge zu leisten er patriotisch genug war.

Der Schiffskoch, unter dessen Leitung die Schanzarbeiten etwas träge fortgeschritten waren, weil sich die Schanzpflichtigen durch größere Geschenke vom Schanzdienst loskaufen konnten, wurde strafweise abgelöst und zum Kommandeur der Friedenswehr befördert. Unter seiner Leitung wurde die Bevölkerung gemustert und erst einmal zum Postendienst an der Staatsgrenze eingeteilt. Zunächst bestand der Doppelposten aus einer Dame und einem Herrn. Denn der Sittlichkeitsverein, der sich sofort der PATRIOTISCHEN UNION anschloß, hatte gefordert, daß auch die weiblichen Staatsbürger Ehrendienst in der Friedenswehr zu leisten das Recht und die Pflicht hätten, da ja der Wehrdienst wie kein anderer geeignet sei, Moral und Sitte zu heben.

Durch ein Notstandsgesetz wurde diese berechtigte Forderung zementiert. Dennoch bewährte sich die Form des gemischten Doppelpostens nicht, weil manches Wachpaar mit Erfolg auf allerlei Zeitvertreib sann, um die lange Nacht zu verkürzen, und dabei auf Gesellschaftsspiele verfiel, die nicht dazu angetan waren, die Wachsamkeit gegenüber dem Feind zu heben und auch in einigem Widerspruch zu den Zielen des Sittlichkeitsvereins standen. Da jedoch der Kommandeur der Friedenswehr ein geistig beweglicher Mann war, kam ihm bald eine Idee, wie man die Diensteinteilung nutzbringend ändern könnte. Er beorderte abwechselnd zwei Herren (die im militärischen Sprachgebrauch MÄNNER hießen) und zwei Damen (die als FRAUEN bezeichnet wurden) zum Postendienst. Das ging solange gut, bis eine Hotelbesitzerstochter aus Villach, die im Abitur durchgefallen war und welcher der Vater zum Trost eine Griechenlandreise geschenkt hatte, zusammen mit der Witwe eines Hundebadbesitzers aus Koblenz auf Posten zog. Dabei ereignete sich ein Vorfall, welcher die friedländische Volksseele zum Kochen brachte und die blasse Theorie von der Arglosigkeit der Eindringlinge, die Frau Köln-Kalk auf der letzten Vollversammlung vorgetragen hatte, die in Friedensland abgehalten worden war, brutal widerlegte.

 BEIDE DAMEN kamen nämlich nach der Ablösung am nächsten Morgen zwar reich beladen mit Geschenken – Badesalz, einer Schallplatte von Louis Armstrong, einem halben Dutzend Militär-Unterhemden Größe 56, Zigaretten und einem kleinen Kanister Benzin – aber mit wirren Haaren, jammernd und wehklagend ins Hotel zum Fortschritt zurück und vermochten dem Kommandeur der Friedenswehr nicht das stereotype AUF POSTEN KEINE BESONDEREN EREIGNISSE zu melden, sondern gaben zu Protokoll, ihnen sei von den entmenschten Feinden GEWALT angetan worden: eine Nachricht, welche die wahre politische Lage jäh zu erhellen vermochte. Nun entsprach allerdings das Wort GEWALT in diesem Zusammenhang nicht ganz seiner üblichen Bedeutung, denn der sprachlich und sittlich feiner Empfindende könnte dagegen einwenden, die beiden Damen hätten die Eindringlinge fast provoziert. Es kann nämlich nicht verheimlicht werden, daß sich in der Zeit der Aufrüstung die Sitten in Friedensland bedenklich lockerten. Man fürchtete den Überfall des Feindes und war nur zu sehr bereit, vorher das Leben noch einmal zu genießen. Besonders die Hotelbesitzerstochter aus Villach, die in die Fußstapfen des einst so agilen Fräulein Widerhold getreten war, trug wesentlich zur Belebung der friedländischen Erotik bei, und auch die Witwe des Hundebadbesitzers, die sich schon einer gewissen Reife erfreute, sagte nicht nein, wenn sich ihr der Versucher in welcher Gestalt auch immer nahte. Die beiden Damen zogen sich entgegen den Vorschriften und ungeachtet der Fahne, die über ihnen im Winde

flatterte, auf Posten splitternackt aus, um sich zunächst der Sonne hinzugeben, nicht ohne durch das Fernrohr, das inzwischen für die Friedenswehr entschädigungslos beschlagnahmt worden war, die Reaktion der entwöhnten Feinde zu beobachten, die dann auch ziemlich spontan war. Die drei Sergeanten knobelten nämlich nach Soldatenart die Damen aus, und die zwei Gewinner setzten sich sogleich in freundlichster Absicht zu den friedländischen Posten in Marsch. Was die Damen mit GEWALT zu bezeichnen sich erkühnten, glich dann eher einer stillen Übereinkunft. Aber auch nach vollzogener Fraternisation zeigten sich die beiden Sergeanten keineswegs feindselig, sondern nahmen die Damen in ihr Lager mit und schenkten ihnen von ihren reichen Vorräten, bewirteten sie mit Austern in Dosen und Daisy Cola – kurz sie zeigten sich von ihrer besten Seite. Weil aber alle von Herrn Wollenbauer zugunsten des Staates aufgestellten Forderungen Gesetzeskraft erlangt hatten und jede Fraternisierung unter schwere Strafe gestellt war, wagten die beiden Posten nicht, die Wahrheit zu erzählen, wollten auch auf die Geschenke nicht verzichten – »sie gaben sie uns, weil sie anscheinend ein schlechtes Gewissen hatten«, begründeten sie ihre Habe – und erzählten, ihnen sei Gewalt angetan worden: eine Nachricht, die seit der schönen Helena in der Weltgeschichte bisweilen politische Auswirkungen hat. Die Vaterländische Union, die es als ihre Aufgabe betrachtete, den Haß gegen den Feind zu schüren, um damit die Wehrwilligkeit zu heben, nutzte den Vorfall für ihre Ziele aus. Das AMT FÜR PROPAGANDA

 machte aus der Hotelbesitzerstochter flugs eine MINDERJÄHRIGE, die von entmenschten Horden geschändet worden sei, und aus der Hundebadbesitzerswitwe recht ungalant jenes ALTE MÜTTERLEIN, das in politischen Krisenzeiten seine emotionale Wirkung auf die Volksseele nie verfehlt. Die Schrekkensnachricht vom frevlen Übergriff des Feindes, der damit alle Möglichkeiten einer friedlichen Koexistenz jäh vereitelt hätte, wurde in einem geschickt redigierten Bulletin des Staatsrats ausgehängt, denn es war jetzt so viel Papier gefunden worden, daß es keiner Behörde mehr daran mangelte. Von jedem Staatsbürger – außer von Frau Köln-Kalk, Fräulein Widerhold und Adam Schmitt, die den Erzählungen der Damen zu mißtrauen einigen Grund zu haben glaubten – wurde diese Kundschaft mit Empörung zur Kenntnis genommen. Ein Feind, der nicht einmal vor der Frauenehre Halt mache, so argumentierte die Öffentlichkeit im Sinne des Staatsrats, kenne keine Gnade und kein Pardon und sei deshalb solcher auch nicht würdig.

DIE GESCHICHTE hat uns schon oft zu lehren versucht, daß das Wort SI VIS PACEM PARA BELLUM (von Herrn Wollenbauer in den Slogan übersetzt: »Der Weg zum Frieden ist mit den Leichen der Feinde gepflastert«) zu den unzutreffendsten Zitaten gehört, die im Büchmann stehen. Klio hat dieses Zitat immer wieder Lügen gestraft, weshalb es dem Chronisten nicht schwerfällt, die letzte Phase der friedländischen Entwicklung mit knappen Worten zu berichten, zumal in allen PARA-BELLUM-ZEITEN das Private, das in Büchern so ungebührlich viel Raum

einzunehmen pflegt, hinter den staatspolitischen Notwendigkeiten zurücktritt, die sich in geradezu öder Monotonie in der Geschichte wiederholen. Durch die vermeintlich so schnöde Untat des Feindes war die psychologische Voraussetzung für die Rüstung geschaffen, deren Vordringlichkeit sich nun kein vaterlandsbewußter Friedländer entziehen konnte. Der Leiter des Amts für Verteidigung, Herr Wollenbauer, richtete markige Worte an das Volk, um diese neue Phase einzuleiten. Da der Angriff bekanntlich die beste Form der Verteidigung sei, gelte es nun, nicht darauf zu warten, bis der Feind, der seine wahren Absichten in dem ruchlosen Überfall auf wehrlose Frauen nur allzu deutlich zur Schau gestellt habe, mit seinen überlegenen Waffen über die friedliebende Bevölkerung herfalle, um ihr die Freiheit und die kulturellen Errungenschaften zu rauben. Man müsse dem unerträglichen Zustand der Bedrohung alsbald ein Ende bereiten und den unbelehrbaren Feind in seinem eigenen Rattennest ausräuchern, bevor die Demokratie an ihrer Friedfertigkeit und Toleranz zugrunde gehe. Deshalb wurden die Schanzarbeiten am Nordwall zugunsten einer beweglicheren Verteidigungskonzeption unverzüglich eingestellt. Die allgemeine Mobilmachung lief an. Das Staatsvolk wurde in militärische Dienstränge eingestuft, erkenntlich an den Abzeichen, die jeder Wehrwillige an Nachthemd, Schlafanzug oder an seinen eigenen Kreationen zu tragen hatte. Die Manneszucht wurde für beide Geschlechter in Exerzierübungen gehoben, wobei zum Marschieren die jetzt für den Friedensdienst beschlagnahmte Platte ES STEHT EIN SOLDAT AM WOLGASTRAND in so flottem Tempo gespielt wurde, daß sie auch den gehobenen Anforderungen des Exer-

NIEDER
DIE
MÄDCHEN-
SCHÄNDER!

HAFT-
BEFEHL

 ziermarsches entsprach. Dagegen wurde die den beiden notgezüchtigten Damen vom Feinde dedizierte Louis-Armstrong-Platte als artfremde Afterkunst in einer großen Kulturkundgebung verbrannt. Es war dieselbe Kundgebung, bei welcher die Leiterin des AMTS FÜR KUNST UND WISSENSCHAFT die Einführung der Todesstrafe forderte, denn nur dadurch könnten defätistische Elemente, die den wehrhaften Friedenswillen unterhöhlten, von ihrer subversiven Tätigkeit abgeschreckt werden. Der Staatsrat entsprach dieser spontanen Forderung des Volkes. Die Waffenproduktion wurde gesteigert. Die werktätige Bevölkerung wurde im Nahkampf ausgebildet. Die ELITE bildete den Generalstab oder arbeitete Gesetze aus, um das GANZE MENSCHENMATERIAL FÜR DIE FRIEDENSWEHR TOTAL ZU ERFASSEN. Die Fahne mußte gegrüßt werden. Der ehemalige Gesetzeswisser dichtete an einer Nationalhymne, wofür er vom Exerzierdienst befreit wurde – kurz, es entstand jenes nicht hoch genug einzuschätzende STAATSBÜRGERLICHE BEWUSSTSEIN, das aus einem laschen Haufen Schiffbrüchiger bald eine soldatisch ausgerichtete, verschworene Gemeinschaft machte, bereit, die globalen Ziele der Führung zu verwirklichen.

LEIDER KANN an dieser Stelle die bedauerliche Tatsache nicht verschwiegen werden, daß es auch Elemente gab, die sich der großen nationalen Erneuerungsbewegung widersetzten. Die

Gruppe um Frau Köln-Kalk verrichtete den Friedensdienst nur murrend, weil ihr erbärmliche Gartenarbeit und niedriger Fischfang wichtiger erschienen als Rüstung und Friedensdienst. Glücklicherweise erlaubten es aber die harten Gesetze, solchen passiven Widerstand zu brechen, denn zum aktiven Widerstand hatte, seit die Todesstrafe eingeführt worden war, niemand mehr Mut noch Gelegenheit. Frau Köln-Kalk, Adam Schmitt und Fräulein Widerhold entblödeten sich indessen nicht, Verfassungsklage einzureichen, weil sie die gefährliche Theorie vertraten, ein Teil der neuen Gesetze verletze den Paragraphen eins. Aber die Klage wurde vom Präsidenten auf dem Verwaltungsweg einleuchtend mit der Begründung abgewiesen, der Paragraph eins müsse bis zum Endsieg ausgesetzt werden, weil es einem Volk nicht zugemutet werden könne, seinen eigenen Selbstmord in der Verfassung zu verankern. So verdorrte der Garten, zum Fischfang fand man kaum mehr Zeit, die Lebensmittelvorräte gingen zur Neige, und der Generalstab griff in seinen Plänen für den Tag X schon wieder auf den Hund Coco als Verpflegungsreserve zurück. Mit dem Hunger wuchs auch die Unzufriedenheit der Bevölkerung, die jedoch das AMT FÜR PROPAGANDA klug gegen den Feind zu lenken wußte. Niemand anderes als die reichen Prasser, die von ihren unerschöpflichen Vorräten nichts abgeben wollten, seien an der schlechten

 Ernährungslage schuld, und es gelte, kein anderes Ziel im Auge zu haben, als die fremden Söldner von ihren Vorräten zu befreien.

DER NACHRICHTENDIENST, der die Bewegungen des Feindes an Hand der Beobachtungen der Doppelposten ständig kontrollierte, gab eines Tages den damals so heimtückisch überfallenen Damen den Auftrag, als harmlose Händlerinnen getarnt den Feind aufzusuchen und wertvolle Unterlagen über Art und Beschaffenheit des unterirdischen Bunkers einzuholen, die für den Tag X von größtem Wert seien. Zu diesem Zweck gab man den Damen die letzten Gartenfrüchte und ein paar Fische mit auf den Weg und schärfte ihnen ein, dafür Benzin einzutauschen, das man für eine vom AMT FÜR KUNST UND WISSENSCHAFT entwickelte, den traditionellen Kampfmitteln überlegene Verteidigungswaffe benötigte. Die Damen führten diesen ebenso ehren- wie gefahrvollen Auftrag nur zu gern und so gründlich aus, daß sie dazu die ganze Nacht brauchten und erst am anderen Morgen wieder zurückkamen. Sie brachten nicht nur ein paar Liter des für die Rüstung so wesentlichen Treibstoffs, sondern auch etliche Auskünfte mit, welche für den Nachrichtendienst von hohem Wert waren. Sie hatten nämlich die Eingänge des Bunkers genau erkundet, und darüber hinaus in ihrem Umgang mit dem Feind feststellen können, daß er mehr andere Lüste als solche zum Kriegsdienst verspüre, stark verweichlicht und deshalb kaum in der Lage sei, einer Befreiung von seinen Vorräten nennenswerten Widerstand entgegenzusetzen.

IN VERHÄLTNISMÄSSIG KURZER Zeit waren die Truppen der Friedenswehr ausgebildet, die strategischen Überlegungen des Generalstabs zu Papier gebracht, die erforderlichen Waffen hergestellt und die Nahrungsmittelvorräte aufgebraucht. Der Tag X konnte also vom Generalstab in aller Heimlichkeit festgesetzt werden. Man wählte dazu eine Neumondnacht, in welcher der überrumpelte Feind kaum Gelegenheit fände, von seinen überlegenen Waffen Gebrauch zu machen. Der Operationsplan sah ungefähr folgendes vor: die Gruppe um Frau Köln-Kalk, deren Handfertigkeit sie zu niederen Kriegsdiensten vornehmlich geeignet machte und die sich auch in der Ausbildung im Nahkampf – wobei alte Matratzen, die an galgenähnlichen Pfählen aufgehängt waren, den Gegner darstellten – als besonders gelehrig gezeigt hatte, wurde in drei Kampfblocks aufgeteilt, welche gleichzeitig die drei Eingänge des gegnerischen Bunkers stürmen sollten. Sie waren zu diesem Zweck mit Knüppeln, Dolchen, Telefondraht und einem Flammenwerfer bewaffnet, den das AMT FÜR KUNST UND WISSENSCHAFT aus dem Spirituskocher Fräulein Widerholds entwickelt hatte, und der mit Benzin gespeist wurde. Als zweite Welle, weit hinter den Kampfgruppen folgten in Schützenkette die Sicherheitsverbände: höhere Dienstgrade, die aus den Angehörigen der Behörden bestanden, die Mitglieder der VATERLÄNDISCHEN UNION, zu denen auch die Damen des Sittlichkeitsvereins gehörten, ja auch einige Frauen, welche die GARANTEN DER ZUKUNFT unter dem Herzen trugen und gewillt waren, die Bevölkerungszahl von Friedensland zu erhöhen, es sich aber trotzdem nicht nehmen ließen, an diesem denkwürdigen Tag selbst mit von der Partie zu

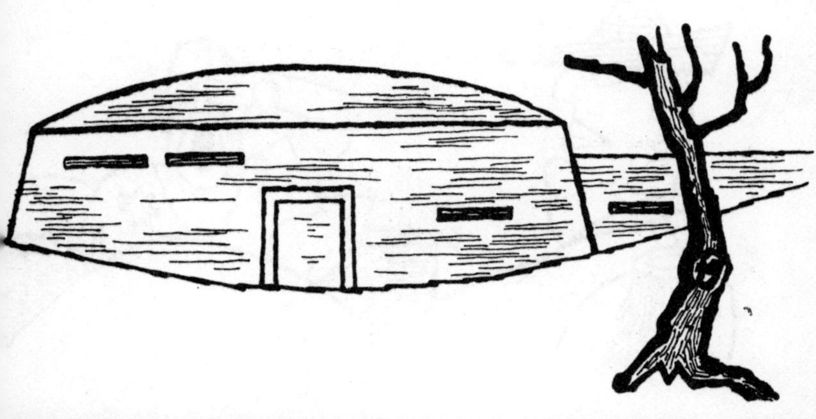

90 sein. Daß Frau Köln-Kalk in dieser zweiten Welle marschierte, obwohl sie nur einen niederen Dienstgrad bekleidete, ist nicht geeignet, für ihre Gesinnung zu zeugen – ihre politische Unzuverlässigkeit, die der Nachrichtendienst an den Generalstab gemeldet hatte, nahm ihr das Privileg, in vorderster Front für den Frieden tätig sein zu dürfen. Es kann an dieser Stelle allerdings nicht verschwiegen werden, daß es Frau Köln-Kalk gar nicht in die vorderste Front zog, ja daß sie sogar, hätten ihr nur die Gesetze die Möglichkeit dazu gegeben, den Dienst in der Friedenswehr verweigert hätte: eine häßliche Farbe in dem Bildnis der Lehrerin, die der Chronist nicht ohne Unmut wiederzugeben vermag. Die Sicherheitsverbände hatten den Kampfauftrag, zu verhindern, daß eventuell zurückflutende Teile der Infanterie Generalstab und Staatsrat gefährdeten, die ihren Gefechtsstand im rückwärtigen Kampfgebiet aufzuschlagen von der Bevölkerung geradezu gezwungen worden waren, weil ihr Leben für den friedlichen Aufbau des Staates nach dem Endsieg unter allen Umständen geschont werden müßte. Für die Humanität des friedländischen Generalstabs spricht, daß die Kampftruppen den Gegner nur im Notfall zu töten, wenn möglich jedoch gefangenzunehmen den Befehl hatten, damit der Feind später vor einem INTERNATIONALEN GERICHTSHOF für seine Taten verantwortlich gemacht werden könnte.

Daß Adam Schmitt und Eva Widerhold nur Augenzeugen dieser letzten, ruhmreichen Phase der friedländischen Geschichte sein durften, vermag der Chronist nicht ohne innere Anteilnahme zu schildern. Indessen entbehrt der Vorwurf, den ein Vierteljahr-

hundert später der dritte Sohn des überlebenden Paares, Kuno Schmitt, seinen Eltern ins Gesicht zu schleudern die Stirn hatte, jeglicher Grundlage: sie hätten sich dem vierten Weltkrieg durch Fahnenflucht entzogen. Denn die beiden liebten sich von Herzen und hatten, wie es Liebenden zuweilen zu ergehen pflegt, gewisse asoziale Anwandlungen, die sie die Gemeinschaft meiden ließen. Da Tusculum für die Friedenswehr beschlagnahmt war und alle Dienstwilligen nach Geschlechtern und Dienstgraden getrennt in großen Schlafsälen nächtigen mußten, schlug sich das Paar beiseite, nicht ahnend, daß auf den dienstfreien Abend der NACHTALARM folgte, mit welchem der Tag X anhob. Das Liebespaar entfernte sich von der Truppe, um sich jenen zärtlichen Regungen hinzugeben, die schon manchen Soldaten vom Dienst abgehalten haben und schlief danach in süßer Ermattung ein, wobei Eva Widerhold ihren Kopf in Adam Schmitts Schulterhöhle barg. Als der Alarm die Truppen zur ins Feindesland hineinzutragenden Verteidigung rief, wurde das Fehlen des militärisch nie durch besondere Qualitäten hervorstechenden Paares wohl bemerkt. Da aber beide mangels kämpferischer Leistungen den hinreichend besetzten Sicherungsverbänden angehörten, wurden sie zwar gesucht, als man sie aber nicht fand, konnte ihretwegen der schon angelaufene Operationsplan nicht mehr aufgehalten werden. General Wollenbauer – denn zu diesem hohen Dienstgrad war der tüchtige Werbeberater inzwischen avanciert – drohte den beiden Abwesenden wegen unerlaubter Entfernung von der Truppe hohe Strafen an. So blieben sie – und das war schon Strafe genug – von dem großen Geschehen ausgeschlossen

und ahnten nicht, was sich ereignete, während sie sich mit regelmäßigen Atemzügen dem Schlaf hingaben: wie die Kampfgruppen schwerbewaffnet auszogen; wie in weitem Abstand die Sicherheitsverbände folgten; wie die Infanterie verstärkt durch Pioniere, welche den Flammenwerfer trugen, gleichzeitig durch alle drei Bunkereingänge eindrang; wie die Sperrkette der zweiten Welle vorrückte und den feindlichen Bunker zernierte; wie sich Generalstab und Staatsrat jenseits des Hügels eingruben, um in ihrem Befehlsstand die Operationen zu leiten und die Siegesmeldungen entgegenzunehmen; wie es den Kampfgruppen gelang, zwei der schlafenden Sergeanten ohne Waffengebrauch zu überwältigen. Wäre es dem dritten nicht geglückt, unbemerkt zu entwischen und in die Sprengkammer zu entkommen, in welcher ohne Rücksicht auf das eigene Leben zu walten ihm die Vorschrift befahl, der Sieg der tapferen Friedländer wäre ein totaler gewesen. So aber flog das ganze Lager mit Mann und Maus, mit Freund und Feind in die Luft. Dabei stellte sich heraus, daß die Ausdehnung des unterirdischen Lagers so groß und die Brisanz der Sprengstoffe so gewaltig war, daß auch der Staatsrat und der Generalstab nicht verschont blieben und selbst dem Hund Coco den Heldentod zu sterben vergönnt war.

Von dem gewaltigen Knall erwachte das Liebespaar, rieb sich entsetzt die Augen und sah den gesprenkelten Feuerpilz, aus dem der Schirm einer Rauchpinie wuchs, den letzten Akt der friedländischen Tragödie illuminieren.

Im Buch der Geschichte aber ward eine neue Seite aufgeschlagen, die mit den Namen ADAM SCHMITT und EVA WIDERHOLD beginnt.

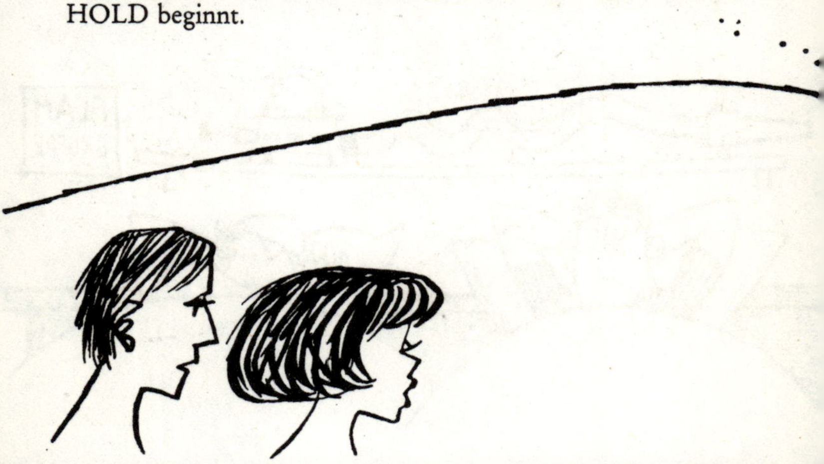

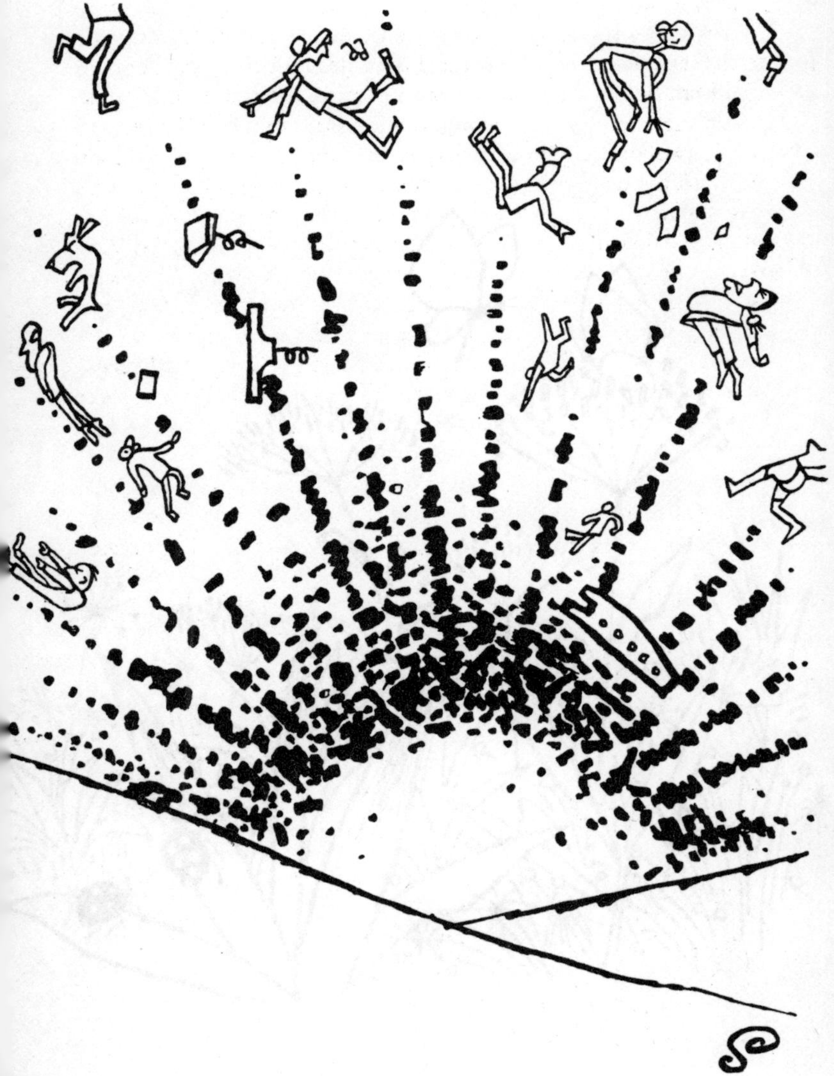